Wissenschaftliches Arbeiten

AF202014

Kompaktwissen

Wissenschaftliches Arbeiten

Eine Anleitung zu Techniken und Schriftform

Von Yomb May

Reclam

Aktualisierte und erweiterte Ausgabe 2022

RECLAMS UNIVERSAL-BIBLIOTHEK Nr. 15245
2022 Philipp Reclam jun. Verlag GmbH,
Siemensstraße 32, 71254 Ditzingen
info@reclam.de
Gestaltung: Cornelia Feyll, Friedrich Forssman
Druck und Bindung: Elanders Waiblingen GmbH,
Anton-Schmidt-Straße 15, 71332 Waiblingen
Printed in Germany 2025
RECLAM, UNIVERSAL-BIBLIOTHEK und
RECLAMS UNIVERSAL-BIBLIOTHEK sind eingetragene Marken
der Philipp Reclam jun. GmbH & Co. KG, Stuttgart
ISBN 978-3-15-015245-4
reclam.de

Inhalt

Vorwort

Häufig stellt man erst an der Hochschule zum Studienbeginn fest, dass man kaum mit den Arbeitsweisen der akademischen Ausbildung vertraut ist. Dies hat zur Folge, dass Sie in das Studium ›hineinstolpern‹, wertvolle Zeit und Energie verlieren und manchmal vielleicht sogar – zu Unrecht – glauben, das Hochschulstudium sei nicht das Richtige für Sie.

Die rechtzeitige Förderung der Studierfähigkeit ist Teil des gymnasialen Bildungsauftrags geworden. Nach den neuesten Bildungsplänen sollen Schülerinnen und Schüler im letzten Bildungsabschnitt am Gymnasium verstärkt wissenschaftliches Arbeiten erlernen. Sie werden in der Qualifizierungsphase vor dem Abitur in die wissenschaftliche Arbeitsweise eingewiesen und müssen eine individuelle Arbeit schreiben, die wissenschaftlichen Anforderungen entspricht.

Die Fertigkeit, schriftliche wissenschaftliche Arbeiten zu erstellen, ist eine der Schlüsselkompetenzen für ein erfolgreiches Hochschulstudium. Gefordert wird diese Kompetenz bereits beim Verfassen der Fach- oder Seminararbeit in der gymnasialen Oberstufe, später vor allem aber bei allen Haus- und Abschlussarbeiten, die im Laufe des Studiums vorgelegt werden müssen: Proseminar-, Hauptseminar-, Bachelor-, Master- und ggf. Doktorarbeiten. Auch bei Referaten und Präsentationen ist es wichtig, die geltenden wissenschaftlichen Standards zu kennen und einzuhalten. Somit steht und fällt jedes Hochschulstudium mit der Beherrschung der auch international üblichen Vorschriften für wissenschaftliche Publikationen.

Vor diesem Hintergrund ist es das Ziel der vorliegenden Anleitung, Sie bereits als Schülerinnen und Schüler der gymnasialen Oberstufe an die modernen wissenschaftlichen Arbeitstechniken systematisch heranzuführen und Ihnen eine kompakte Orientierungshilfe beim Schreiben einer wissenschaftlichen Arbeit zu geben. Damit es gelingt, die Fach- bzw. Seminararbeit auf die entsprechenden Qualitätskriterien auszurichten, vermittelt die Anleitung grundlegende Methoden zur Arbeitsorganisation, schlüssige Arbeitsstrategien und formale Standards, die Ihnen helfen sollen, selbständig ein Thema nach wissenschaftlichen Grundsätzen zu bearbeiten. Somit gewinnen Sie Einblick in die wissenschaftlichen Arbeitsmethoden und behalten die geltenden Formvorschriften bei der Gestaltung ihrer eigenen Arbeit im Auge. Im Studium können Sie daran anknüpfen und Ihre Fertigkeiten vertiefen.

I. Wie eine wissenschaftliche Arbeit entsteht

Wie jedes Handwerk lässt sich auch das Handwerk des wissenschaftlichen Arbeitens in der Regel leicht erlernen und beherrschen. Am Anfang kommt es vor allem darauf an, sich mit dem Regelsystem und den normativen Vorgaben wissenschaftlicher Arbeiten in Theorie und Praxis vertraut zu machen.

Das Besondere am wissenschaftlichen Arbeiten manifestiert sich vor allem darin, wie man sich einem Problem nähert, d. h. in entsprechenden Arbeitstechniken und in der Schriftform der Arbeit. Den Weg dahin möchte die vorliegende Anleitung aufzeigen. Um den Einstieg zu erleichtern, wird bewusst weitgehend auf die Auseinandersetzung mit den Vor- und Nachteilen verschiedener arbeitstechnischer Alternativen und Varianten verzichtet.[1] Stattdessen werden bei jeder Prozessphase oder bei jedem relevanten Schritt fachübergreifend sinnvolle Arbeitstechniken exemplarisch dargestellt.

Zum Ausgangspunkt: Alle Einzelwissenschaften stimmen darin überein, dass eine Arbeit bestimmte inhaltliche und formale Kriterien erfüllen muss, um als wissenschaftlich gelten zu können. Deshalb ist es entscheidend, zunächst in Erfahrung zu bringen, welcher Art diese Kriterien sind und worin die Besonderheiten fachspezifischer Verfahren bestehen.[2]

---

1 Eine Ausnahme bildet die Vorstellung des deutschen und des amerikanischen Zitierschemas, da das amerikanische Modell zunehmend in deutschen Texten angewandt wird.
2 Es ist daher ratsam, mit dem Betreuer, der Betreuerin in ständigem Gespräch über die Entwicklung der Arbeit zu bleiben, um sicher-

Grundsätzlich entsteht eine wissenschaftliche Arbeit in einem Prozess, bei dem folgende Schritte eine wichtige Rolle spielen:

- Themenwahl/Themenstellung,
- Informationssuche,
- Informationsauswertung,
- Informationsverarbeitung,
- Erstellung des Rohmanuskripts,
- Endfassung und Schlusskorrektur.

Bevor allerdings ein wissenschaftliches Thema erarbeitet und in schriftlicher Form umgesetzt wird, gehen dem erst einmal programmatische Vorüberlegungen und praktische Vorarbeiten voraus, die das Schreiben am Manuskript erleichtern oder sogar erst ermöglichen. Daher wird Ihnen zu Beginn eine kurze Erläuterung der *konzeptionellen* bzw. *theoretischen Weichenstellung* bei der Beschäftigung mit wissenschaftlichen Themen gegeben.

1. Was versteht man unter wissenschaftlichem Arbeiten?

Bevor man seine erste Fach- oder Seminararbeit in Angriff nimmt, ist es wichtig, sich über folgenden Grundsatz klar zu werden: Das Verfassen dieser Art wissenschaftlicher

zustellen, dass die fachüblichen Gepflogenheiten und die themenspezifischen Besonderheiten eingehalten werden.

Arbeiten bedeutet eine intensive Beschäftigung mit einer überschaubaren Frage- bzw. Problemstellung innerhalb eines festgelegten Zeitraums. Dabei stellt man sich auf einen zeitaufwändigen Arbeits- und Lernprozess ein, bei dem es in erster Linie um den selbständigen und kritischen Erwerb von neuem Wissen geht. Daher ist dieser Prozess sorgfältig und umsichtig vorzubereiten. Die Ergebnisse, die man dabei sukzessive erarbeitet, sind nach vorgegebenen inhaltlichen und formalen Qualitätskriterien zu gestalten und dem Publikum in Form einer Fach-, Seminar-. Bachelor- oder Masterarbeit zugänglich zu machen.

Mit anderen Worten: Genauso wie alle Leistungsnachweise und Abschlussarbeiten an der Universität wird auch die Fach- oder Seminararbeit in der gymnasialen Oberstufe wissenschaftlichen Kriterien unterworfen. Vor diesem Hintergrund kann das Verfassen einer wissenschaftlichen Arbeit nicht im autodidaktischen Versuch geleistet werden. Wissenschaftliches Arbeiten ist kein selbstdefiniertes *Learning by doing*. Es setzt einen sicheren Umgang mit den entsprechenden Regeln voraus, um den geltenden Normen[3] und Qualitätsstandards genügen zu können.

Über das Erlernen und das Beherrschen von wissenschaftlichen Prinzipien und Regeln hinaus schließt wissenschaftliches Arbeiten technische Grundfertigkeiten sowie schlüssige Arbeitsstrategien zur Planung und Verwirklichung eines überschaubaren Forschungsprojektes ein.

3 In Deutschland ist das Deutsche Institut für Normung e. V. zuständig für Normen wissenschaftlichen Arbeitens. Vgl. DIN Deutsches Institut für Normung e. V. (Hrsg.): Präsentationstechnik für Dissertationen und wissenschaftliche Arbeiten. DIN-Normen. 2., veränd. Aufl. Berlin: Beuth Verlag, 2000.

Diese Anforderungen sind in aller Regel kein Lernziel in der klassischen Form des Fachunterrichts. Darum ist es wichtig, sich bewusst zu machen, dass sich eine wissenschaftliche Arbeit hinsichtlich des Erwartungshorizonts von einem Schulaufsatz erheblich unterscheidet: Das betrifft Vorgehensweise, Gehalt und Schriftform. Aus diesem Grund tritt an die Stelle des regulären Unterrichts oder in Ergänzung dazu die *Wissenschaftspropädeutik*.

Unabhängig von den unterschiedlichen Bezeichnungen der Oberstufenkurse in den Lehrplänen der einzelnen Bundesländer gilt: Die Aufgabe und das Ziel der Wissenschaftspropädeutik liegen darin, Abiturientinnen und Abiturienten mit der selbständigen Lernstruktur der Hochschule vertraut zu machen, wobei der Befähigung zu forschendem Lernen besondere Aufmerksamkeit gilt. Aus diesem Grund sind folgende Fragen, anhand derer Sie – auch noch zu Beginn des Studiums – die Kompetenz in wissenschaftlichem Arbeiten erwerben sollen, grundlegend für die vorliegende Anleitung:

- Wie formuliere ich eine Forschungsfrage?
- Wie gehe ich methodisch damit um?
- Wie hole ich sachkundige Informationen über ein überschaubares Thema ein?
- Wie nutze ich die vorhandenen Quellen?
- Wie erarbeite ich selbständig und kritisch Wissen zu einem Problem?
- Wie arbeite ich gründlich und genau?
- Wie bringe ich meine Ergebnisse in eine angemessene schriftliche Form?
- Habe ich auf wissenschaftliche Standards (allgemein und für mein Fach) geachtet?

Arbeiten nach wissenschaftlichen Standards zielt nicht auf einen mechanischen Umgang mit Regeln, sondern vielmehr auf den Erwerb bestimmter übergeordneter Fähigkeiten und Fertigkeiten ab. Die wichtigsten sind:

– selbständiges Arbeiten und Lernen,
– systematische und zielorientierte Informationssuche,
– wissenschaftliche Prinzipien, Techniken und formale Standards,
– fachspezifische Arbeitsmethoden und Methodenkritik,
– theoretische Reflexions- und Urteilsfähigkeit,
– kritischer Umgang mit wissenschaftlichen Ergebnissen,
– Neugierde über die Grenzen eines Faches hinaus,
– Fähigkeit zur sprachlich angemessenen Präsentation wissenschaftlicher Erkenntnisse.

Wissenschaftliches Arbeiten ist ein theoretischer und/oder praktischer Erkenntnisprozess mit dem Ziel, die Ergebnisse in Form einer wissenschaftlichen Arbeit zu dokumentieren. Diese muss in jeder Hinsicht regelkonform sein und das selbständige Denken des Verfassers belegen.

2. Qualitätsstandards – Ansprüche der Wissenschaft

Damit eine Arbeit als »wissenschaftlich« bezeichnet und akzeptiert wird, muss sie bestimmten Ansprüchen genügen. Zwar gibt es dafür keinen vollständigen Kriterienkatalog, gleichwohl ist man sich in der Fachwelt darin einig, dass es beim Verfassen einer wissenschaftlichen Arbeit

wichtig ist, zentrale Maximen und Qualitätsstandards einzuhalten, die fachübergreifend verbindlich sind:

Ehrlichkeit

Wer eine wissenschaftliche Arbeit schreibt, muss sich
selbst und seinen Lesern gegenüber ehrlich sein. Notwendig ist daher z. B. die Offenlegung der Quellen, aus denen
Erkenntnisse gewonnen wurden. Auch eigene Beobachtungen müssen wahrheitsgemäß dargestellt werden. Täu-
schungen oder Betrug, z. B. erfundene oder manipulierte
Ergebnisse, disqualifizieren jede wissenschaftliche Arbeit
und machen die Glaubwürdigkeit des Verfassers zunichte.

Objektivität

Inhalte wissenschaftlicher Texte müssen sachlich neutral,
d. h. frei von Wertungen, Vorurteilen und subjektiven Vorlieben der Verfasser vermittelt werden; auch dürfen sie keine manipulativen oder ideologischen Intentionen verfol-
gen. Fehl am Platz sind daher beispielsweise emotionale
Formulierungen, die Betonung der eigenen Person, manipulierte Ergebnisse etc.

Überprüfbarkeit

Als gesichert gelten wissenschaftliche Aussagen und Ergebnisse erst dann, wenn sie sich von anderen Personen
überprüfen (verifizieren) und bestätigen lassen. Die Überprüfung durch Dritte schafft die Grundlage für Kritik und
Widerlegung. Nicht überprüfbare Aussagen, Behauptun-
gen o. Ä. gelten daher als nichtwissenschaftlich.

Originalität

Erwartet wird von einer wissenschaftlichen Arbeit, dass sie zum Erkenntniszuwachs und damit zur Weiterentwicklung des jeweiligen Fachgebietes beiträgt. Voraussetzung dafür ist eigenständiges Denken. Dieses kann sich u. a. darin ausdrücken, dass der Verfasser beispielsweise einen neuen Lösungsweg für eine bestimme Problemstellung aufzeigt, ein innovatives Konzept entwickelt oder eine Fragestellung unter einer völlig neuen Perspektive betrachtet.

Reliabilität (Zuverlässigkeit)

Wissenschaftliche Ergebnisse müssen zuverlässig sein. Dies ist dann der Fall, wenn sie reproduzierbar sind, d. h. wenn die vorgelegte wissenschaftliche Untersuchung bei wiederholter Durchführung unter identischen Bedingungen und mit denselben Instrumenten identische Ergebnisse liefern würde.

Präzision

Die gewonnenen Erkenntnisse einer wissenschaftlichen Arbeit müssen klar und eindeutig formuliert werden, so dass Fachleserinnen und -leser sie ohne zusätzliche Erklärungen verstehen können. Wichtig ist daher, dass der Untersuchungsgegenstand genau erfasst und die verwendeten Fachbegriffe exakt definiert werden.

3. Warum eine Methode wichtig ist

Wissenschaftliches Nachdenken geht in aller Regel von einem objektiven Problem aus, das gelöst werden muss (vgl. S. 43 ff.). Naturgemäß stellt sich für Sie von Anfang an folgende Frage: Wie bzw. unter welchen Voraussetzungen lässt sich eine Lösung zu dem vorliegenden Problem erarbeiten?

Spätestens nach der Grundschule weiß jeder, dass die Mathematiklehrerin bei Rechenaufgaben nicht bloß das Ergebnis, sondern auch den Lösungsweg (mit den notwendigen Schritten) erwartet, der zu jedem einzelnen (Teil-) Ergebnis geführt hat. Denn nur die definierte und damit abgesicherte Vorgehensweise macht das Resultat nachvollziehbar. Bei literarischen Arbeiten muss auch für die Leser die gewählte Perspektive auf den Text oder auf das Problem erkennbar bleiben.

Dieses Prinzip ist grundlegend für jede wissenschaftliche Tätigkeit und wird als Methode bezeichnet. Dabei muss man zwischen *Recherchemethoden* (vgl. Kap. IV) und *Forschungsmethoden* unterscheiden.

Die Forschungsmethode, also das schrittweise Vorgehen bei der Wissenserschließung, sieht von Fach zu Fach unterschiedlich aus. Das bedeutet, dass jedes Fach seine eigenen Mittel hat, sich mit Fragestellungen auseinanderzusetzen. Deshalb gibt es keine Universalmethode, die für alle Fächer und alle Problemfelder gültig wäre. Wissenschaftliches Arbeiten kennt nicht den *einen* für alle und alles passenden Königsweg.

Die Methode ist nicht vom Fach und vom Untersuchungsgegenstand zu trennen. Das heißt, jede wissenschaftliche Arbeit bedient sich eines Lösungswegs (bei experimentellen Arbeiten: Material und Methode), der für die Analyse der ihr zugrunde liegenden spezifischen Problemstellung geeignet ist. Jede Methode aber muss folgende Anforderungen erfüllen, um sich als wissenschaftlich zu qualifizieren: Gültigkeit, Verlässlichkeit und Objektivität.

Die gewählte Vorgehensweise ist ein Ansatz, der vom Fach vorgegeben ist, und soll dem Untersuchungsgegenstand angepasst werden. Deshalb muss die Methode in der Einleitung der Arbeit erläutert und begründet werden, damit der Weg zu den Zielsetzungen abgesichert und für jeden Leser nachvollziehbar ist. Weil die Methode aber auch ihre Grenzen hat, muss bei der Darstellung der Ergebnisse im Schlusskapitel der Arbeit (vgl. S. 117 f.) deutlich gemacht werden, welchen Einfluss diese Grenzen auf das Ergebnis haben.

- Wissenschaftliche Ergebnisse sind methodisch gewonnene Aussagen über ein bestimmtes Thema.
- Methodisch zu arbeiten bedeutet, zu Beginn einer wissenschaftlichen Arbeit die Voraussetzungen offenzulegen, unter denen man ein wissenschaftliches Problem lösen möchte.
- Mit Hilfe der Methode steuert man Arbeitsziele bewusst an.
- Die Methode muss in der Einleitung begründet werden (gewählter Zugang, herangezogene Literatur, Daten-/Arbeitsgrundlagen).
- Die Methode muss am Schluss der Arbeit reflektiert werden.

Deduktive Vorgehensweise

Der Begriff »Deduktion« bedeutet: aus dem Allgemeinen (z. B. aus Theorien oder Gesetzen) das Besondere, das Einzelne ableiten. Beim deduktiven Ansatz geht der Forscher also von einer Theorie aus, die eine Antwort auf die Forschungsfrage liefert oder Erklärungsansätze für das Problem bietet, das der Untersuchung zugrunde liegt.

Induktive Vorgehensweise

Der Begriff »Induktion« bedeutet: von einzelnen Beobachtungen ausgehend auf das Allgemeine, Gesetzmäßige schließen. Beim induktiven Ansatz wird die Antwort auf die Forschungsfrage nicht aus der Theorie, sondern aus der Empirie, d. h. aus einzelnen konkreten Beobachtungen aus dem Alltag gewonnen. Der induktive Ansatz wird daher auch als quantitativ-induktives Verfahren bezeichnet.

Quantitative vs. qualitative Forschungsmethoden

Abhängig vom Forschungsgegenstand und der Forschungsfrage bieten sich quantitative oder qualitative Forschungsmethoden an. Es ist daher wichtig, sich mit den Merkmalen und Anforderungen sowie den Überschneidungen beider Methoden vertraut zu machen:

	Quantitative Methoden	Qualitative Methoden
Forschungs-umgebung	Labor	Natürliche Umgebung
Herangehensweise	Elementarisch	Holistisch
Vorgehen	Deduktiv	Induktiv

Forschungsprozess	Festlegung der Vorgehensweise vor Forschungsbeginn	Flexibilität des Forschungsdesigns
Ziel	Kausalerklärung	Beschreibung, Verstehen
Produzierte Daten	Numerische Daten	Interpretationsbedürftige Daten
Instrumente	Standardisierte Messinstrumente	Forschende als »Messinstrumente«
Erkenntnisinteresse	Statistische Verallgemeinerung	Theoretische Verallgemeinerung
Gütekriterien	Objektivität, Reliabilität, Validität	Validität

Darst. 1: Unterscheidung von quantitativen und qualitativen Forschungsmethoden (in Anlehnung an Hussy [u. a.] 2013, S. 13 ff.)

Obwohl quantitative und qualitative Methoden sich in einigen Aspekten unterscheiden, schließen sie sich nicht per se aus. Manchmal ist eine Kombination beider Forschungsansätze möglich und sinnvoll.

4. Fachübergreifendes Arbeiten

Die Möglichkeit, fachübergreifende wissenschaftliche Zusammenhänge aufzudecken und zu erklären, wird im akademischen Jargon als *Interdisziplinarität* bezeichnet. Mit diesem Begriff ist ein modernes Wissenschaftsverständnis gemeint, das die Vernetzung wissenschaftlicher Erkenntnisse fördert.

Das Interesse und die Fähigkeit, die methodischen Grenzen eines Faches zu überschreiten und übergreifende Überlegungen anzustellen, werden inzwischen bei wissenschaftlichen Arbeiten mindestens erwartet, wenn nicht sogar vorausgesetzt. Dem liegt die Einsicht zugrunde, dass die Suche nach Erkenntnissen nicht an den Grenzen eines Faches haltmachen darf. Nur durch die Verbindung verschiedener methodischer Perspektiven kann man der Komplexität eines Themas gerecht werden.

Fachübergreifendes Arbeiten darf jedoch nicht als grenzenloses Experimentierspiel im Fachgefüge missverstanden werden. Das bedeutet: Die individuelle Fach- oder Seminararbeit ist einem Leit- oder Profilfach (z. B. Deutsch) zugeordnet. Ansätze aus einem anderen Fach (z. B. Geschichte) können aber herangezogen werden, um das Problem aus einem weiteren Blickwinkel zu betrachten.

Doch gerade bei einer Erstlingsarbeit sollte eine solche Zusammenführung der Ansätze nur bei benachbarten Fächern erprobt werden und auch nur dann, wenn sie für die Arbeit Gewinn verspricht. Aus bestimmten Fächerkombinationen ergeben sich Themenbereiche, die sinnvollerweise interdisziplinär untersucht werden können. Folgende Beispiele dienen lediglich der Orientierung:

– Literatur und Medien, z. B. Literaturverfilmung,
– Englisch und Kunst, z. B. »Postmodernism in literature, art, architecture and music«,
– Biologie und Geografie, z. B. »Insekten im tropischen Regenwald«.

5. Fach- bzw. Seminararbeit[4]

Die wissenschaftliche Arbeit ist im gymnasialen Kontext eine schriftliche Abschlussarbeit (Fach- bzw. Seminararbeit), die am Ende des wissenschaftspropädeutischen Kurses angefertigt werden muss. Als qualifizierender Abschluss muss sie in Sprache, Inhalt und Form geltende wissenschaftliche Anforderungen erfüllen.

Anspruch und Zielsetzung

Mit einer Abschlussarbeit soll der Nachweis erbracht werden, dass man im letzten Bildungsabschnitt am Gymnasium die Befähigung erworben hat, in seinem (Profil-)Fach eine Frage selbständig nach wissenschaftlichen Verfahren und Formvorschriften zu bearbeiten. Entsprechend müssen in die Seminararbeit die in der Wissenschaftspropädeutik erworbenen Fertigkeiten einfließen. Die Fach- oder Seminararbeit soll eine komprimierte und konzentrierte Darstellung der relevanten Fragen und Aspekte zu einem Thema enthalten. Hierbei gilt: Qualität geht vor Quantität, denn es kommt auf die Konzentration, auf das Wesentliche an.

Umfang

Die Vorgaben über den Umfang der Abschlussarbeit sind in den jeweiligen Prüfungsordnungen unterschiedlich geregelt. Es ist ratsam, Auskunft über die geltenden Richtwerte (Mindestseitenzahl/Höchstseitenzahl) beim Betreuenden

---

4 Hier dient die Fach- bzw. Seminararbeit zur Exemplifizierung wissenschaftspropädeutischen Arbeitens als Maßstab, aber die hier erklärten Techniken können natürlich für Arbeiten an der Hochschule (Pro- bzw. Hauptseminararbeit) angepasst werden.

zu Beginn des Seminars oder bei der Themenstellung einzuholen. Wichtig ist, dass die Arbeit im Rahmen des vorgeschriebenen Umfangs bleibt. Ein Umfang von 10 bis 15 Seiten entspricht in etwa den Anforderungen einer Proseminararbeit an der Universität. Das verlangt die Fähigkeit, auf wenig Raum eine Fragestellung gründlich zu bearbeiten. Entscheidend ist also der Informationswert.

Bearbeitungszeit

Bei der Vergabe des individuellen Themas teilt der Betreuer mit, in welchem zeitlichen Rahmen die Arbeit fertigzustellen ist. Dieser zeitliche Rahmen ist in jeder Prüfungsordnung verbindlich vorgegeben. Er ist für jeden, der eine Prüfungs- oder Abschlussarbeit anfertigt, einzuhalten und deshalb von großer Bedeutung für die Organisation und die Planung (vgl. S. 27 f.).

Abgabetermin – Abgabemodus

Beim Betreuenden holt man Informationen zu weiteren formalen Vorgaben ein, die gerade in organisatorischer Hinsicht besonders hilfreich sind. Themenstellung und Abgabe der Seminararbeit sind Termine, die unbedingt im Auge behalten werden müssen. Spätestens ab dem Zeitpunkt der Übernahme eines individuellen Themas muss man den Abgabetermin und -modus der fertigen Seminararbeit in Erfahrung bringen.

Idealerweise wird die Arbeit ein paar Tage vor dem Abgabetermin eingereicht. Doch an den Fall, dass besondere Umstände die Abgabe erst am letzten Tag ermöglichen, muss vorsorglich gedacht werden. Die betreuenden Lehrer/Dozentinnen wissen, wo bzw. bei wem die Arbeit abgegeben werden soll. Ist das Sekretariat der Schule, des Instituts oder des Lehrstuhls für die Annahme solcher Arbeiten zuständig, so ist auf die jeweils gültigen Öffnungszeiten zu achten. Eine verspätet eingereichte Arbeit wird nicht angenommen.

6. Ziel der Arbeit formulieren

Mit einem klaren Ziel vor Augen lässt sich eine wissenschaftliche Arbeit leichter beginnen und auch erfolgreich zu Ende führen. Sonst ist die Gefahr zu groß, den roten Faden zu verlieren. Es ist deshalb wichtig, sich darüber klar zu werden, welchem Zweck die eigene Fach- oder Seminararbeit dienen soll. Dabei ist besonders darauf zu achten, dass man von Anfang an ein realistisches Ziel formuliert, das man dann im ganzen Arbeitsprozess ansteuert.

Eine Orientierungshilfe bietet die von Otto Kruse[5] getroffene Unterscheidung zwischen sogenannten *weiten* und *engen Zielen*. Aus seiner Liste lässt sich eine Schnellübersicht solcher Ziele zusammenstellen, die für eine Fach- oder Seminararbeit infrage kommen können.

Weite Ziele:
– einen Beitrag zum Verständnis von … leisten,
– Wissen über … zusammentragen,
– Klarheit in eine Kontroverse bringen,
– auf etwas Vergessenes hinweisen,
– etwas Neues bekannt machen.

5 Kruse, Otto: Keine Angst vor dem leeren Blatt. Frankfurt a. M.: Campus, [12]2007.

Enge Ziele:
- eine Behauptung prüfen,
- einen Sachverhalt analysieren,
- einen Sachverhalt klären,
- ein Werk interpretieren,
- Theorien, Positionen vergleichen,
- Argumente für und gegen eine wissenschaftliche Position diskutieren,
- ein Themenfeld systematisieren,
- einen Zusammenhang untersuchen.

Das Ziel der individuellen Fach- bzw. Seminararbeit muss abhängig vom Thema und vom eigenen Erkenntnisinteresse enger und konkreter formuliert werden. Hier einige Formulierungsbeispiele:

- *Beispiel 1:* Die vorliegende Arbeit verfolgt das Ziel, den Toleranzgedanken in Lessings Drama *Nathan der Weise* herauszuarbeiten und seine Bedeutung für unsere Zeit zu verdeutlichen. (Fach: Deutsch)
- *Beispiel 2:* The purpose of this work is to compare the role and powers of the British Queen and the German Bundespräsident. (Fach: Englisch)

Nur wer ein klares Ziel vor Augen hat, kann auch zielorientiert arbeiten. Das Ziel der wissenschaftlichen Arbeit muss in der Einleitung definiert und präzise formuliert werden.
Der Verfasser muss dem Leser sein Interesse an einem bestimmten Problem erläutern und ihn darüber informieren, was er sich von der Bearbeitung dieses Themas verspricht.

II. Strategien der Arbeitsplanung

Bei einer Fach- oder Seminararbeit am Gymnasium beginnt der wissenschaftliche Arbeitsprozess mit der Wahl eines Themas. Er endet mit der mündlichen Präsentation der Ergebnisse nach der Abgabe der Arbeit. Zwar gibt es keine allgemeine, für alle Fächer verbindliche Strategie des wissenschaftlichen Arbeitens, doch *Planung*, *Durchführung* und *Kontrolle* gehören zur Organisation eines jeden Projektablaufs, so auch zum Verfassen einer wissenschaftlichen Arbeit. Das selbständige Arbeiten kann nur gelingen, wenn es

a) auf einer schlüssigen Strategie beruht und
b) diese Strategie auf ein klares Ziel ausgerichtet ist.

Unabhängig vom Fach stellt das Verfassen und Gestalten wissenschaftlicher Texte einen schrittweisen Arbeitsprozess dar, der ein *planmäßiges Vorgehen* voraussetzt (Darst. 2). Dieses Vorgehen schließt sowohl die Gestaltung der Arbeit (Inhalt und Form) als auch handwerklich-praktische Tätigkeiten (Experimente, Feldforschung, Bibliotheksbesuche usw.) ein. Dies alles kann nicht ad hoc geschehen, sondern bedarf aus Gründen der Zeitökonomie eines im Vorfeld festgelegten Handlungsrahmens.

Das Verfassen einer wissenschaftlichen Arbeit gliedert sich grundsätzlich in folgende drei Projektphasen:

1. Planung (Vorbereitungs- phase)	2. Durchführung (Ausarbeitungs- phase)	3. Kontrolle (Abschlussphase)
– Themenwahl – Themenanalyse – Exposé – Literaturrecherche – Literaturaus- wetung – ggf. Experiment – Zeitplanung – Gliederungs- entwurf	– schrittweise Ent- faltung des Ge- dankengangs – Darstellung der Ergebnisse – Formulierung der Antworten auf Teilfragen – Fragestellung	– Ausdruck der letzten Fassung – Endkorrektur der Abgabeversion – pünktliche Abgabe der Arbeit

Darst. 2: Phasenschema und Arbeitsschritte

Oft ist es nicht möglich, die einzelnen Schritte in den drei Phasen linear in einer strikten Reihenfolge abzuarbeiten. Überlappungen bilden eher die Regel. Dennoch ist es wichtig, den Fortgang der Arbeit in den einzelnen Phasen jederzeit genau im Blick zu behalten.

Grundlage für den Erfolg beim wissenschaftlichen Arbeitsprozess ist eine schlüssige Strategie für ein planmäßiges Vorgehen.

1. Ein Forschungsdesign entwickeln

Ein stimmiges Forschungsdesign ist für eine erfolgreiche wissenschaftliche Arbeit unverzichtbar. Damit ist gemeint, dass der Verfasser einer solchen Arbeit vorab folgende Fragen klären muss:

- Liegt ein Problem vor, das untersuchungswert erscheint – und wie lässt sich dieses Problem genau beschreiben?
- Welche Leitfrage lässt sich aus dem Problem ableiten?
- Gibt es eine geeignete Methode für eine systematische Überprüfung der Leitfrage?

Eine klare Vorstellung über diese Fragen ermöglicht es dem Verfasser, eine solide Grundlage für die wissenschaftliche Untersuchung zu bilden. Auf dieser Grundlage kann anschließend zielgerichtet und ergebnisorientiert gearbeitet werden.

2. Ein Thema wählen

Ein ungelöstes Problem oder eine ungeklärte Frage weckt *wissenschaftliche Neugier* und eignet sich gut als Thema einer wissenschaftlichen Arbeit.

Die Themenfindung für die individuelle Arbeit ist unterschiedlich geregelt. Oft wird das Thema vom Fachlehrer oder der Seminarleiterin gestellt. Das bietet den Vorteil, dass es einen Aspekt des laufenden Kurses darstellt. Doch in jedem Fall sollte man nur ein Thema übernehmen, das man nach eigener Einschätzung gut bewältigen und bei dem man eigene inhaltliche Akzente setzen kann.

Hat man die Möglichkeit, selbständig ein Thema vorzuschlagen, so sind folgende Regeln zu beachten:

1. »Das Thema soll den Interessen des Kandidaten entsprechen.«
2. »Die Quellen, die herangezogen werden müssen, sollen für den Kandidaten auffindbar sein.«
3. »Der Kandidat soll mit den Quellen, die herangezogen werden müssen, umgehen können.«
4. »Methodische Ansprüche des Forschungsvorhabens müssen dem Erfahrungsbereich des Kandidaten entsprechen.«[6]

In der Regel ist das Thema der Fach- oder Seminararbeit entweder fachgebunden oder fächerübergreifend. Es muss sich für eine Rückkoppelung an den Fachkurs eignen, damit die Ergebnisse der Arbeit in das Rahmenthema eingeordnet werden können.

Grundsätzlich ist jede Themenstellung als vorläufiger Arbeitstitel zu verstehen. Erst im Laufe weiterer Arbeitsschritte nimmt sie eine endgültige Gestalt an. Daher wird erwartet, dass Sie in der Bearbeitung weitere Schritte unternehmen, um das Thema für eine sinnvolle Erschließung vorzubereiten. Dazu gehört in erster Linie der Versuch, auf der Grundlage des Themas ein überzeugendes Konzept für die ganze Arbeit zu entwickeln. Dieses wird *Exposé* genannt.

---

6 Eco, Umberto: Wie man eine wissenschaftliche Abschlußarbeit schreibt. Doktor-, Diplom- und Magisterarbeiten in den Geistes- und Sozialwissenschaften. 6., durchges. Aufl. Heidelberg: Müller, 1993.

3. Das Exposé schreiben

Jede wissenschaftliche Arbeit beginnt als Projekt bzw. Vorhaben. Um ein Projekt zu realisieren, muss man es zuerst konzeptionell ausarbeiten. Notwendig ist deshalb eine Kurzbeschreibung der geplanten wissenschaftlichen Arbeit in Form eines Exposés (auch Projektbeschreibung genannt). Aufgabe des Exposés ist es, das Projekt so zu skizzieren, dass es

a) *notwendig, sinnvoll* und *nachvollziehbar* erscheint und
b) seine Umsetzung als *realistisch* eingeschätzt werden kann.

Das Exposé muss deshalb Auskunft über zentrale inhaltliche, formale und strategische Aspekte des noch in Planung befindlichen Projektes geben (Darst. 3). Um ein tragfähiges Exposé zu schreiben, bietet folgender Aufbau eine sinnvolle Orientierung an:

Teilbereich	Beispiele/Konkretisierung
Thema	– Titel und Untertitel präzisieren, zentrale Begriffe überdenken – Abgrenzung
Anlass	– Motivation
Forschungsstand	– bisherige Recherche (Literaturrecherche abgeschlossen?) – vorläufiges Fazit
Relevante/wesentliche Literatur	– wichtige Bücher/Artikel zu ähnlichen bzw. identischen Fragestellungen – wichtige Grundlagenliteratur

Fragestellung	– Welcher/n zentralen Frage/n möchte ich nachgehen?
Methodisches Vorgehen	– grundsätzlich: Literaturrecherche, Befragung, Beobachtung usw.? – im Detail: Quellenzugang? Datenerhebung und Auswertung?
Zeitplan	– zeitlicher Umfang einzelner Phasen (z. B. Recherche, Datenerhebung, Datenauswertung, Abschluss, Korrekturphase)
Weitere Ressourcen	– zusätzliche Kompetenzen bzw. Beratung – Finanz- und Sachmittel – technische Ausstattung
Arbeitsgliederung	– Stand der gegenwärtigen Gliederung – geplanter Umfang der einzelnen Kapitel
Mögliche Probleme	– Quellenzugang? Zeitprobleme? Forschungsmethodische Kompetenz?

Darst. 3: Aufbau eines Exposés (Quelle: Bohl 2005, S. 36)

Das Exposé muss eine präzise und kompakte Darstellung sein, die aber deutlich macht, dass folgende Voraussetzungen erfüllt sind:

- Fragestellung (Mit welchem Problem befasse ich mich?),
- Zielsetzungen (Welche Ziele verfolge ich?),
- Forschungsstand (Gibt es dazu Veröffentlichungen? Wie ist der Stand der Forschung? Gibt es einen Aspekt, der noch nicht behandelt worden ist?),
- Methode (Wie möchte ich dabei vorgehen?),

– Zeitplan (Wie strukturiere ich die Realisierung des Vorhabens zeitlich?),
– Bibliografie (Welche einschlägige Literatur habe ich bereits gelesen, welche Titel fehlen noch?).

Mit dem Exposé gibt man dem Betreuer / der Lehrerin die Gelegenheit, sich ein klares Bild von der *Originalität und Bedeutung* sowie von der *Schlüssigkeit und Machbarkeit* des Vorhabens zu machen.

Jedes Projekt wird im Verlauf der praktischen Erprobung ständig neu angepasst. Erfahrungen und Kenntnisse im Verfassen von Exposés sind an der Hochschule sehr wichtig: Bei Anträgen auf Stipendien oder Projektförderung muss man ein tragfähiges Konzept vorweisen können. Der Umfang eines Exposés für eine Fach- oder Seminararbeit sollte maximal eine Seite betragen.

4. Ordnung – Zeitplanung – Arbeitsumfeld

Die Erstellung einer wissenschaftlichen Abschlussarbeit verlangt ein hohes Maß an Selbstdisziplin und vorausschauender Planung. Der übliche Schul- oder Studienalltag, für den auch Zeit und intellektuelle Energie benötigt werden, muss parallel dazu mit eingeplant werden. Das kann zu Stress und zur Beeinträchtigung der wissenschaftlichen Arbeit führen. Deshalb empfiehlt es sich, zu Beginn vorbereitende organisatorische Maßnahmen zu treffen.

Ordnung

Ordnung zu schaffen und Ordnungsdenken zu üben, kann die Voraussetzung für gute Leistungen sein. Im wissenschaftlichen Arbeitsprozess ist Ordnung der erste Schritt für mehr Klarheit im Arbeiten und Denken. Wird das Arbeitszimmer vom Chaos beherrscht, sind der Verlust von und die Suche nach wertvollen Unterlagen, Büchern, Heften und weiterem Arbeitsmaterial programmiert. Als Folge kostet Unordnung aber nicht nur wertvolle Zeit und Energie, sondern sie überträgt sich auf den gesamten Arbeitsprozess und macht sich schließlich auch in der fertigen Arbeit negativ bemerkbar. Deshalb muss der Blick auf den Schreibtisch, auf das Bücherregal und nicht zuletzt auf den Dateiordner am Computer sofort ein bestimmtes Ordnungssystem in der Arbeitsplanung erkennen lassen.

Zeitmanagement

Unter dem Begriff *Zeitmanagement* versteht man einen strukturierten Umgang mit der Zeit, die zur Realisierung eines (wissenschaftlichen) Projektes zur Verfügung steht (Darst. 4).

Ein effektives Zeitmanagement bei Projekten erspart nicht nur Ärger. Gerade bei Prüfungs- und Abschlussarbeiten sind die Zeitvorgaben der Prüfungsordnungen verbindlich. Gleichzeitig kann nur ein Teil des Zeitbudgets, das man zur Verfügung hat, der wissenschaftlichen Arbeit gewidmet werden. Deshalb kommt es darauf an, dass sich die Durchführung des Projektes an einer realistischen Zeitplanung orientiert. Vor diesem Hintergrund ist vor dem Start des wissenschaftlichen Projektes zu überlegen, wie viel Zeit man für dessen Realisierung zur Verfügung hat und wie sich dieses Maß an Zeit auch unter Berücksichtigung anderer Verpflichtungen möglichst großzügig einteilen lässt. Eine einfache Wochenplanung könnte so aussehen:

Zeit / Ziele	Woche:	vom:		bis:			
	Mo.	Di.	Mi.	Do.	Fr.	Sa.	So.
Themenabsprache							
Literaturrecherche							
Material besorgen							
Material auswerten							
Exposé anfertigen							
Zwischenbericht							
E-Mails/Telefonate							
Redaktion							
Korrekturlesen							
Abgabetermin							
Präsentation							

Darst. 4: Zeitplan (Wochenplaner)

Der Zeitplan kann auch in Form eines Zeitstrahls angelegt und gut lesbar über dem Schreibtisch ausgehängt werden. Wichtig ist, dass er mittel- und langfristig strukturiert und den Anforderungen des Themas und den eigenen Lerngewohnheiten angepasst wird. Die Arbeitsschritte sind dabei so einzuteilen, dass der Fortgang des Projekts kontrollierbar bzw. steuerbar bleibt. Die Zeitplanung sollte zwar verbindlich sein, aber auch bei Terminkonflikten u. Ä. Änderungen zulassen.

Es ist ratsam, sich einen Organizer mit einer Terminliste anzulegen (Wochenübersicht, Notebook, Smartphone o. Ä.), der Aufgaben und Zeit effektiv verwalten kann.

In Ergänzung zum Organizer ist ein *Arbeitstagebuch* anzulegen. Darin wird der Fortgang der Arbeit genau dokumentiert. Ein solches Arbeitstagebuch sollte folgende Planungselemente enthalten:

- erzielte Ergebnisse,
- offene Fragen,
- neue Ideen,
- Ansprechpersonen für bestimmte Fragen,
- Terminplanung und -überwachung usw.

Arbeitsumfeld

Neben der Zeitplanung ist es wichtig, sich Gedanken über weitere Faktoren zu machen, die oft wenig beachtet werden, weil sie angeblich selbstverständlich sind. Allerdings ist diese Einstellung in der Regel ein Trugschluss. Wichtig ist, dass vor Beginn der Fach- bzw. Seminararbeit das Arbeitsumfeld geklärt wird:[7]

- *Arbeitsplatz:* Wo werde ich die Arbeit hauptsächlich anfertigen? (Wohnung/Zimmer, Bibliothek, Labor, Feldforschung usw.),
- *Arbeitsmittel:* Was brauche ich für die Anfertigung der Arbeit? (PC/Notebook, Film, USB-Stick, Scanner/Drucker, Internetzugänge usw.),

---

7 Vgl. Theisen, Manuel René: Wissenschaftliches Arbeiten. München: Vahlen, [13]2006. S. 24–36.

– *eigener Arbeitsrhythmus*: In welcher Regelmäßigkeit wende ich mich der Fach- bzw. Seminararbeit zu?

Mit Hilfe eines realistischen Zeitplans und einer klaren Arbeitsorganisation in einem positiven Lern- und Arbeitsumfeld kann man nicht nur die wichtigsten Arbeitsphasen, sondern auch die einzelnen Arbeitsschritte systematisch planen und umsetzen. Von diesen Grundvoraussetzungen hängt die Konzentration ab, die für eine wissenschaftliche Auseinandersetzung mit einem Problem notwendig ist.

5. Zwischenberichte und Feedback

Behandle ich das richtige Thema? Und wenn ja, tue ich es auch richtig bzw. bin ich auf dem richtigen Weg? Das sind Fragen, die sich beim Verfassen einer Fach- oder Seminararbeit fast selbstverständlich stellen. Doch man kann und sollte sie nicht allein und für sich beantworten. Folgendes ist zu beachten:

Das Verfassen einer Abschlussarbeit wird zeitlich von zwei Fixpunkten eingerahmt:

– *Themenstellung* oder *Beginn* des Arbeitsprozesses und
– *Abgabe* der Arbeit oder *Ende* des Arbeitsprozesses.

Zwischen diesen beiden Fixpunkten liegen aber viele kleine Schritte, von denen der gesamte Fortgang des Arbeitsprozesses abhängt. Deshalb ist es sinnvoll, in regelmäßigen Abständen einen Zwischenbericht anzufertigen und diesen im Seminar bzw. Unterricht zu präsentieren.

Im Zwischenbericht werden die Ergebnisse zusammengetragen, die zum Zeitpunkt ihrer Präsentation den aktuellen Stand der Arbeit widerspiegeln. Die klassischen Punkte sind:

– Stand der Literaturrecherche,
– Gliederungsentwurf,
– methodische Fragen,
– Stand der Datenerhebung bzw. Datenauswertung.

Durch die Besprechung des Zwischenberichts im Seminar oder im Fachunterricht ergibt sich ein *Feedback*, das den Fortgang der individuellen Arbeit unmittelbar positiv beeinflusst:

– Angemessenheit der Problemerfassung,
– Angemessenheit der angewandten Methode(n),
– Einübung der Präsentation wissenschaftlicher Ergebnisse,
– Gedankenaustausch mit Mitschülern,
– Aufnahme und Einarbeitung von Anregungen und Kritikpunkten,
– Denkanstöße,
– Einordnung der individuellen Arbeit in den Seminarstoff,
– Anmeldung des Betreuungsbedarfs beim Betreuer,
– Anpassung der Zeit- und Terminplanung.

Wichtig: Zwischenberichte machen die Arbeitsfortschritte erkennbar. Sie sind notwendig, um zu erkennen, wie weit das Ziel noch entfernt ist. Der Verzicht auf Zwischenberichte kann verheerende Folgen (z. B. Themaverfehlung,

Versäumnis der termingerechten Fertigstellung der Arbeit usw.) mit sich bringen.

> *Grundregel:* Wissenschaftliches Arbeiten wird nicht im Elfenbeinturm betrieben. Es ist ratsam, sich vom Betreuenden regelmäßig ein Feedback geben zu lassen. Zwischenberichte dienen dazu, die Bedeutung der eigenen Arbeit innerhalb des Rahmenthemas einzuordnen, sich selbst, den Mitschülerinnen und -schülern sowie den Betreuenden von den Fortschritten der Fach- bzw. Seminararbeit Rechenschaft abzulegen.

6. Zusammenarbeit mit den Betreuenden

Obwohl wissenschaftliches Arbeiten auf den Prinzipien Eigenständigkeit und Selbständigkeit beruht, kann die Bedeutung der fachlichen Beratung gerade bei Prüfungs- und Abschlussarbeiten nicht genug betont werden. Man muss deshalb darauf achten, dass die Arbeit am Thema in enger Abstimmung mit den Betreuenden erfolgt, denn deren Erwartungen und Empfehlungen sollten möglichst umgesetzt werden. Eine abgestimmte Betreuung ist der wichtigste Faktor für den Erfolg einer wissenschaftlichen Arbeit. Bei Abschluss- oder Prüfungsarbeiten sind Anregungen und Hinweise der Betreuenden oft aufschlussreich. Doch auch bei der Inanspruchnahme dieser Hilfestellung gilt es, bestimmte Regeln einzuhalten, um die Zusammenarbeit effizienter zu gestalten.

Persönliche Beratungsgespräche

Die Fachseminarsitzungen sind der an dem der Verlauf der Arbeit in Zwischenberichten vorgestellt und diskutiert wird. Doch nicht alle Fragen, die die Schreibenden für ihre individuelle Arbeit beschäftigen, können im Seminar ausdiskutiert werden. Deshalb empfiehlt es sich, die Sprechstunde der die Arbeit Betreuenden zu nutzen, um mit ihnen über individuelle Anliegen zu sprechen. Damit das Beratungsgespräch fruchtet, muss es von Seiten des Schülers, der Schülerin gut vorbereitet werden. Am effektivsten ist es, wenn man dabei wie folgt vorgeht:

– Vorbereitung (Fragen schriftlich festhalten),
– Gespräch (Anliegen kurz und strukturiert vortragen),
– Nachbereitung (Erstellung eines Gesprächsprotokolls, Umsetzung der Gesprächsergebnisse).

Diese Vorgehensweise spart nicht nur Zeit, sie hilft auch, die Schwierigkeiten des Arbeitsprozesses genau zu erläutern und konkrete Lösungen zu erarbeiten. Dadurch bekommt jedes weitere Gespräch mit dem Betreuer einen professionellen Anstrich.

E-Mail-Anfragen

Wird mit dem Betreuer über E-Mail kommuniziert, so sollte man darauf achten, dass jede E-Mail-Anfrage spezifiziert ist, damit sie schnell beantwortet werden kann. Inhalt der idealen E-Mail-Anfrage ist:

- Name und Vorname des Schülers,
- Betreff: genaue Frage zur Seminararbeit (Titel der Arbeit muss angegeben werden),
- Inhalt:
  - *sachliche Rückfrage,*
  - *Vorbereitung auf ein persönliches Gespräch,*
  - *Literaturhinweise,*
  - *kurze Abstimmung.*

Grundsätzlich gilt: Fragen, die man ohne Weiteres oder mit geringer Mühe auch selbst beantworten kann, sollten nicht zum Gegenstand einer E-Mail-Anfrage an die Betreuenden gemacht werden. Die E-Mail-Anfrage sollte kurz, prägnant und sachlich gehalten werden.

Exkurs: Sicherung von Arbeitsergebnissen

Ergebnisse der wissenschaftlichen Arbeit werden sukzessive erzielt. Sie müssen entsprechend kontinuierlich dokumentiert und sicher aufbewahrt werden. Man sollte sich deshalb nicht ausschließlich auf den Computer verlassen. Bei einem Defekt können wertvolle Arbeitsergebnisse teilweise oder ganz verloren gehen. Eine Wiederherstellung der Dateien ist oft teuer und auch nicht immer möglich. Eine Verzögerung ist in jedem Fall die Folge. Deshalb sind folgende Sicherheitsmaßnahmen unverzichtbar:

- Sicherungskopie in externem Datenspeicher neben Rechner: z. B. auf USB-Stick und/oder in der Cloud,
- tägliche Aktualisierung der Daten auf allen Trägern, damit keine unterschiedlichen Versionen entstehen,
- Ausdruck in regelmäßigen Abständen (etwa alle zwei Wochen),
- spezieller Ordner für die Ausdrucke.

Grundsätzlich wird eine regelmäßige Sicherung der Arbeitsergebnisse empfohlen. Zwischenstände, auf die man zur Not zurückgreifen kann, sind aufzubewahren. Jeder Ausdruck ist mit dem jeweiligen Datum zu versehen.

III. Vom Thema zur Untersuchungsfrage

Voraussetzung für die adäquate Bearbeitung eines wissenschaftlichen Themas ist, dass man im Vorfeld das Problem, auf das der Fokus ausgerichtet wird, unter die Lupe nimmt. Die Problemstellung (nicht zu verwechseln mit dem Thema) ergibt sich nicht automatisch, sondern ist in der Regel das Ergebnis einer genauen Analyse des Themas.

1. Problemstellung entwickeln

Problembezogenes Denken ist eine grundlegende Eigenschaft wissenschaftlichen Arbeitens. Deshalb muss der erste Schritt nach der Übernahme oder bei der Wahl eines Themas darin bestehen, dieses Thema auf seinen Problemkern hin zu untersuchen. Das heißt, es muss geprüft werden, inwiefern das Thema bereits in der vorliegenden Formulierung eine Problem- bzw. eine Fragestellung enthält, die es zu untersuchen lohnt. Viele Themen sind zunächst allgemein formuliert, so dass ihr Problemkern erst herausgearbeitet werden muss. Deshalb ist es notwendig, die Forschungsfrage[8] präzise zu formulieren.

Auch bei einer Fach- oder Seminararbeit ist die Problemanalyse unabdingbar. Ziel ist es, dass sich aus dem Thema

---

8 Der Begriff »Forschungsfrage« wird vor allem für größere wissenschaftliche Arbeiten verwendet. Vgl. Karmasin, Matthias / Ribing, Rainer (Hrsg.): Die Gestaltung wissenschaftlicher Arbeiten. Ein Leitfaden für Seminararbeiten, Bachelor-, Master- und Magisterarbeiten, Diplomarbeiten und Dissertationen. Wien: facultas. wuv, [3]2008. S. 21–24.

eine Frage oder ein Problem herauskristallisiert, auf dessen Lösung die Verfasserin, der Verfasser hinarbeitet. Je nach Themenstellung können bereits an dieser Stelle Umformulierungen notwendig sein. Hilfreich für die Problemorientierung des Themas sind folgende Ansätze:

– Formulierung als Frage (Beispiel: »Regenerative Energien – Eine Lösung für den Klimawandel?«)
  Vorteil: Die Abhandlung läuft auf die Beantwortung der Frage hinaus.
– Formulierung als These (Beispiel: »Farbstoffe als Gefahr für den Körper«)
  Vorteil: Die Abhandlung läuft auf die Verifikation oder Falsifikation der aufgestellten These hinaus.

Wichtig ist, dass die Problemstellung möglichst präzise formuliert ist. Ganz und gar ungeeignet für eine Fach- oder Seminararbeit sind deshalb Themen, die nur aus einem Wort bestehen, z. B. »Paris« oder »Goethe« usw.

Die Problemorientierung in der Arbeit verlangt, aus einem Thema eine Frage- bzw. Problemstellung so zu entwickeln und zu konkretisieren, dass sie

– eine klare Aufgabenstellung erkennen lässt,
– wissenschaftliche Neugier weckt und
– die intellektuelle Antriebskraft der Arbeit bildet.

Mit der Umwandlung eines Themas in eine Forschungsfrage zeichnen sich sowohl das problemorientierte Denken als auch das Erkenntnisinteresse des Bearbeiters ab. Damit beginnt man, Einfluss auf die inhaltliche Perspektivierung der

Arbeit zu nehmen. Die dabei angestellten Überlegungen leiten zu einem weiteren Schritt über, dessen Ziel es ist, dem Problem feste inhaltliche Konturen zu geben. Diesen Schritt nennt man *Eingrenzung des Themas*. Er muss systematisch und methodisch vorgenommen werden.

2. Ideen finden – Thema eingrenzen

Es ist kaum möglich, selbst ein klar definiertes Problem in allen Aspekten und Facetten innerhalb einer wissenschaftlichen Arbeit erschöpfend darzustellen. Zum Teil muss man Prioritäten setzen, weil man erstens an die vorgegebene Frist für die Bearbeitung und zweitens an Vorgaben zum Umfang der Arbeit gebunden ist.

Neben diesen beiden Faktoren gibt es einen weiteren Punkt, der eine wichtige Rolle spielt: die Aspektvielfalt des Themas. Da ein Thema bzw. ein Problem in der Regel in vielfältige Bedeutungsfelder zerfällt, kann es nur gründlich bearbeitet werden, wenn es gelingt, inhaltliche Schwerpunkte zu setzen. Folgende Techniken helfen herauszufinden, welche Aspekte wesentlich sind. Sie lassen sich auf nahezu alle Fächer anwenden.

Die Problemanalyse
Bei der Problemanalyse – auch *Mind Mapping* genannt – handelt es sich um ein Verfahren, das auf zwei Arbeitsschritten beruht: Ausgehend von dem zentralen Begriff wird in einem ersten Schritt eine Ideenlandkarte zum Thema gezeichnet, um die Aspektvielfalt sichtbar zu machen (Darst. 5).

In einem zweiten Schritt werden nun durch systematisches Sortieren jene Aspekte ausgemacht, die das Verstehen des Untersuchungsgegenstands und dessen gründliche Bearbeitung möglich machen. Auf diese Weise werden wesentliche Gesichtspunkte gefiltert und von nebensächlichen Sachverhalten abgegrenzt.

Ob ein bestimmter Aspekt in der Arbeit Raum findet oder nicht, hängt davon ab, ob mit dessen Hilfe neue Erkenntnisse über das zu behandelnde Problem gewonnen werden können. Leitendes Auswahlkriterium dabei ist immer der Aussagewert der einzelnen Aspekte.

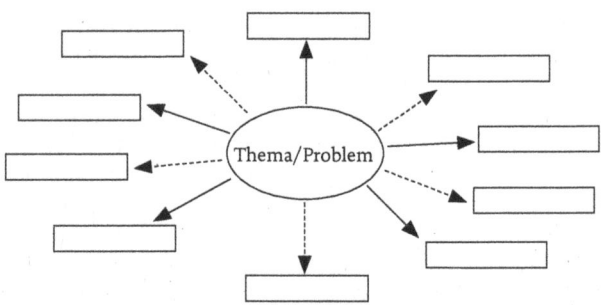

Darst. 5: Blankoraster zur Problemanalyse
(———▶ wesentliche Aspekte, ------▶ unwesentliche Aspekte)

Das W-Fragen-Modell

Eine weitere hilfreiche Technik, zum Wesen des Untersuchungsgegenstands vorzustoßen, besteht darin, W-Fragen an das Thema zu richten. Oft sind es Fragen, die das Thema naturgemäß aufwirft, etwa Definitionen. Aspekte, die man aufgrund des Vorwissens für klärungsbedürftig hält, können auch durch Fragen problematisiert werden. Zur Klärung von wichtigen Begriffen eignen sich Fachlexika.

Fragen an das Thema können so lange variiert und miteinander kombiniert werden, bis sich schließlich ein Erkenntnisinteresse herauskristallisiert. Auf diese Weise wird dem Bearbeiter bewusst, auf welche zentralen Fragen er im Laufe der Arbeit Antworten suchen muss.

Das Ziel des W-Fragen-Modells besteht nicht darin, auf jede Frage eine Antwort zu suchen. Nur auf solche Fragen, deren Beantwortung einen Erkenntnisgewinn verspricht, wird das Hauptaugenmerk der Arbeit gerichtet. Deshalb müssen W-Fragen präzise formuliert werden.

Die Vorteile des Mind Mapping und des gezielten Fragens liegen auf der Hand:

– Aspektvielfalt des Themas,
– Überblick über den Gegenstandsbereich,
– Akzentuierung der Frage- bzw. Problemstellung,
– Festlegung inhaltlicher Schwerpunkte der Arbeit,
– Fokus auf das Wesentliche,
– Erkenntnisinteresse.

Weil die Eingrenzung des Themas eine entscheidende Bedeutung für die weitere inhaltliche Gestaltung der Arbeit hat, sollte dieser Arbeitsschritt mit dem Betreuer abgestimmt werden. Das hat den Vorteil, dass auch dessen besondere Erwartungen an die Behandlung des Themas in die individuelle Arbeit einfließen können und das Thema nicht zu speziell wird.

Wichtig: Im Rahmen einer wissenschaftlichen Arbeit werden bestimmte Aspekte außer Acht gelassen,

- weil sie nicht zweckmäßig sind,
- weil sie den vorgegebenen Umfang der Arbeit und/oder den Zeitrahmen sprengen würden.

Die Auswahl bestimmter Gesichtspunkte und das Ausklammern anderer muss in der Einleitung einer wissenschaftlichen Arbeit plausibel begründet werden. Das heißt, die Entscheidung, inhaltliche Schwerpunkte zu setzen, wird gerechtfertigt. Idealerweise wird dabei klargemacht, welche Aspekte zwar zum Thema gehören, warum sie aber in der vorgelegten Arbeit nicht berücksichtigt werden können.

Als gutes Beispiel für eine klare Eingrenzung des Themas bietet sich folgendes Zitat an:

»Die Kanonizität eines Autors oder eines Textes kann in der Buchkultur immer nur in Relation zu einem bestimmten Rezipientenkreis, zu einer bestimmten Zeit und in einer bestimmten Funktion diskutiert werden. Demzufolge werde ich meine Überlegungen zur Kanonisierung des schottischen Dichters Robert Burns (1759–1796) in Deutschland in zweifacher Hinsicht begrenzen: Ich werde mich zeitlich auf das 18. und 19. Jahrhundert beschränken, zumal 1896 – das 100. Todesjahr von Burns – eine entscheidende Zäsur für seine deutsche Rezeption bedeutete. Und ich werde mich auf die Zugehörigkeit Burns' zum aktuellen literaturkritischen bzw. populären Kanon konzentrieren und den schulischen

bzw. akademischen Kanon weitgehend außer acht lassen
[...]. Im Mittelpunkt der Untersuchung soll die Frage
stehen, welche Faktoren dazu beigetragen haben, daß
Burns im 19. Jahrhundert zu einem der bekanntesten
und geschätztesten Dichter in Deutschland wurde.«[9]

Die Einübung der Techniken zur Eingrenzung des Themas
hilft, die Sensibilität für die Komplexität wissenschaftlicher Themen zu schärfen. Sie zielt fachübergreifend auf
folgende Kompetenzen ab:

- Förderung des ergebnisorientierten Denkens,
- Unterscheidung von Wichtigem und Unwichtigem,
- Schwerpunktsetzung,
- erster Gliederungsentwurf,
- Einfluss auf die Bearbeitung des Themas,
- Weichenstellung für die Literaturrecherche und
- Formulierung des (vorläufigen) Arbeitstitels.

Die Umwandlung eines Themas in eine Problem- oder
Fragestellung eröffnet eine besondere Perspektive auf
das Thema. Das eigene Erkenntnisinteresse am Untersuchungsgegenstand ist entscheidend für die Literaturrecherche.

9 Bödeker, Birgit: »Der Deutsche Burns. Zur Kanonisierung von
Robert Burns in Deutschland im 18. und 19. Jahrhundert.« In: Literaturkanon – Medienereignis – kultureller Text. Formen interkultureller Kommunikation und Übersetzung. Poltermann, Andreas
(Hrsg.). Berlin: Erich Schmidt, 1995. S. 79–91, hier S. 79 f.

3. Titel der Arbeit formulieren

Der Titel ist das Aushängeschild der Arbeit. Man muss sich deshalb einige Mühe geben, um ihn zu formulieren. Es ist ratsam, die endgültige Überschrift erst zum Schluss festzulegen – und dies in Absprache mit dem Betreuer.

Faustregel: *Den Titel dem Inhalt anpassen und nicht umgekehrt!*

Treffend ist ein Titel dann, wenn er die Kernaussage der Arbeit komprimiert zum Ausdruck bringt. Mit anderen Worten: Ein Titel muss aussagekräftig sein und dem Gehalt der Arbeit entsprechen.

Lässt sich mit dem Titel ein charakterisierender Anspruch der Arbeit nicht erfassen, so muss man den Titel mit einem Untertitel ergänzen. Der Untertitel hat eine präzisierende Funktion. Er muss auch vom Schriftbild her als eine Ergänzung zum Titel erkennbar bleiben.

> Eine wissenschaftliche Arbeit behandelt einen klar erkennbaren und umrissenen Gegenstand – ein Problem oder eine Fragestellung. Die Voraussetzungen, unter denen der Gegenstand auf der Basis wissenschaftlicher Regeln untersucht wird, sind zu Beginn festzulegen.

IV. Systematische Literaturrecherche

Erfolgreiche Literaturrecherche gelingt nur durch eine planvolle und präzise Vorgehensweise. Mit Hilfe einer systematischen Literaturrecherche kann nach der benötigten Fachliteratur für die wissenschaftliche Arbeit gesucht werden. Im Folgenden sollen einige wichtige Methoden und Möglichkeiten erläutert werden, mit denen Sie sich zu Beginn Ihrer wissenschaftlichen Arbeit vertraut machen sollten.

Folgender Hinweis vorweg: Eine wissenschaftliche Arbeit steht und fällt mit der Qualität des Materials, das ihr zugrunde liegt. Je früher man mit der Auswahl beginnt, desto besser kann man das Material auf Aktualität und Repräsentativität prüfen und beurteilen. Idealerweise wird die Problemanalyse von der Literaturrecherche begleitet. Das inhaltliche Vorwissen, das bei der Problemformulierung über das Thema erworben wird, erleichtert eine effektive Suche nach aktueller Literatur für die spezifische Fragestellung der eigenen Arbeit.

Auch wenn die Lehrkraft oder die Dozentin, der Dozent Literaturlisten zu Beginn des Seminars verteilt oder im Idealfall einen Seminarapparat einrichtet, bleibt eine selbständige Literaturrecherche nötig. Sie ist notwendig, weil wissenschaftliches Arbeiten die grundlegende Fähigkeit fordert, *eigenständig* relevantes Material zu ermitteln, zu sammeln, auszuwerten und für die unmittelbare Verwendung aufzubereiten. Folgende Leitfragen können helfen, methodisch zu diesem Ziel zu gelangen:

- Welche Informationen brauche ich?
- Wo kann ich sie finden?

- Wie sammle ich systematisch Informationen?
- Wie nutze ich sie für meine Arbeit?

Diese Leitfragen machen deutlich: Für eine systematische Literaturrecherche ist es wichtig, im Vorfeld eine konkrete Fragestellung zu formulieren (vgl. Exposé), auf deren Beantwortung die anschließende Literaturrecherche ausgerichtet wird.

1. Auf dem aktuellen Forschungsstand arbeiten

Auch wissenschaftliche Erkenntnisse haben ein Verfallsdatum, nämlich dann, wenn sie widerlegt und damit veraltet sind. Deshalb ist es ratsam, sich zu Beginn einer wissenschaftlichen Arbeit zunächst einmal einen Überblick über den aktuellen Diskussionsstand zu dem Thema zu verschaffen. Ein paar einschlägige Publikationen neueren Datums, vor allem Aufsätze in Fachzeitschriften, sind unbedingt zu lesen. Damit vermeidet man zum einen, mit bereits überholten oder gar widerlegten Erkenntnissen zu arbeiten. Zum anderen zeigt es den innovativen Charakter der Arbeit und verspricht einen Erkenntnisgewinn.

2. Recherchefahrplan

Bei der Materialsuche geht es darum, die für eine sinnvolle Bearbeitung des Themas verfügbaren Informationen systematisch zu verorten und abzurufen. Das spart Zeit und führt zum Ziel. Deshalb ist es wichtig, sich nach der Themenfindung zuerst einen Überblick über die Recherchemöglichkeiten zu verschaffen, die für die eigene Arbeit relevant sind:

- Bibliotheken,
- Buchhandlungen,
- Institutionen,
- Experten,
- Internet.

a) Bibliotheken

Bibliotheken – auch Schulbibliotheken – bilden die wichtigste Fundstelle für wissenschaftliches Material. Kein Durchwühlen, sondern methodisches Vorgehen ist für die Literatur- und Materialrecherche in der Bibliothek unerlässlich. Um sich damit vertraut zu machen, wie man Bibliotheken nutzt, bieten sich folgende Ansätze an:

- Das Personal gibt professionelle Auskunft darüber, wo und wie man die aufgelisteten Titel am besten sucht. Es empfiehlt sich die Teilnahme an einer Bibliotheksführung.
- Mit Hilfe der Online-Datenbanken (Kataloge und Literaturdatenbanken) sucht man in einem standardisierten Dialogfenster nach bibliografischen Daten, wie z. B. Namen des Verfassers, Titel der Arbeit, Schlagwörter usw. Als Ergebnis findet man bibliografische Daten und Daten zum Standort des jeweiligen Buches in der Bibliothek (Signatur). Darüber hinaus erfährt man, ob bzw. wie der

gesuchte Titel verfügbar ist. Von diesen Informationen hängen weitere Aktionen ab: ausleihen, vor Ort lesen, kopieren.

b) Digitale Bibliotheken und Fachdatenbanken

Digitale Bibliotheken bieten unterschiedliche Recherche-möglichkeiten, wenn es um Fachbeiträge z. B. in E-Books, E-Journalen und Open-Access-Publikationen geht. Ein weiterer Vorteil ist, dass man Literatur aus anderen Biblio-theken bestellen kann (Fernleihe). Zu den bekanntesten digitalen Bibliotheken und Fachdatenbanken gehören:

- *Online-Bibliothekskataloge* (OPAC),
- *Karlsruher Virtueller Katalog* (KVK): fach- und biblio-theksübergreifende Meta-Suchmaschine,
- *English Short Title Catalogue* (ESTC): fach- und biblio-theksübergreifende Meta-Suchmaschine für englisch-sprachige Titel,
- *Google Scholar*: akademische Suchmaschine für wissen-schaftliche Dokumente und Literaturrecherche,
- *JSTOR*: Datenbank für wissenschaftliche Fachzeitschrif-ten, Primärquellen und Bücher,
- *Project Muse*: Datenbank für Geistes- und Sozialwissen-schaften,

Darüber hinaus gibt es viele weitere fach- und themenspe-zifische Angebote, auf die man über eine Online-Suche schnell stößt.

Wichtig:

- Die Suche eingrenzen: Eine zielgerichtete Suche in den Datenbanken setzt voraus, dass Sie die Suchparameter für die Eingabemaske festlegen. Filtermöglichkeiten bestehen sowohl hinsichtlich bestimmter Begriffe als auch hinsichtlich des Publikationsjahres, der Unterscheidung zwischen Peer-Reviewed-Journals (Fachzeitschriften, deren Publikationen einer externen Qualitätssicherung durch Fachexperten unterworfen sind) und anderen Quellen. Die Eingrenzung des Suchzeitraums bietet die Möglichkeit, sich auf Publikationen zu stützen, die den aktuellen Forschungsstand abbilden oder einen historischen Vergleich ermöglichen. Durch die Suchoption »Erweiterte Suche« können die Suchparameter entsprechend dem Aufbau der Suchmaske angepasst und spezifiziert werden.
- Auch bei elektronischen Volltextangeboten sind die Nutzungsbedingungen geregelt. In den meisten Fällen dürfen die angebotenen Texte nur zu Lehr- und Forschungszwecken genutzt werden.

c) Internetrecherche, Mailinglisten, Social Media

Das Internet bietet ein effektives Instrument bei einer modernen Literaturrecherche vom heimischen PC aus. Doch die Qualität der Informationen muss durch gründliches Inspizieren der Quellen bewertet werden. Zu beachten sind u. a.:

- Internetauftritt (wissenschaftlich oder kommerziell),
- Aktualität des Eintrags,
- Titel und Verfasser (Fachmann? Glaubwürdig?),
- Vergleich von Quellen (im Zweifelsfall für Printmedien entscheiden),
- Impressum (Pflichtangaben für Publikationen und Webseiten) ermitteln; ist das Impressum nicht angegeben, sollte man die Finger vom Dokument lassen.

Suchmaschinen und Online-Lexika (Google, Wikipedia usw.) sind nicht die einzigen Informationsquellen im Internet. Als Teilnehmer einer Mailingliste erhält man gratis per E-Mail oder Newsletter sehr aktuelle und nützliche Informationen, etwa über gerade erschienene Bücher oder Rezensionen usw. Auch fachlicher Gedankenaustausch wird angeboten. Doch Beiträge in Mailinglisten müssen ständig auf ihre Brauchbarkeit für eine wissenschaftliche Arbeit überprüft werden. Von fachlich unmoderierten Mailinglisten und Diskussionsforen ist grundsätzlich abzuraten.

Genutzt werden können nicht zuletzt auch Social-Media-Plattformen wie Twitter. Insbesondere wenn eine sehr spezielle Information gesucht wird, kann eine Anfrage, die über Twitter geteilt wird, hilfreich sein. Unbedingt abzuraten ist hier allerdings von Anfragen nach vollständigen Literaturlisten oder Informationen, die leicht über die üblichen Kataloge ermittelt werden können.

d) Weitere Recherche- und Kontaktmöglichkeiten

Buchhandlungen

Beim Kauf eines wissenschaftlichen Buches ist eine Beratung in der Fachbuchhandlung sinnvoll. Dort erfährt man auch anhand der Verlagsprospekte von den neuesten lieferbaren Publikationen. Lieferbare Bücher erhält man in der Regel innerhalb weniger Tage.

Ist eine Beratung nicht notwendig, so bieten sich auch Internet-Buchhandlungen an. Alle lieferbaren Bücher, aber auch DVDs und Filme lassen sich u. a. auf folgenden Internetseiten recherchieren und bestellen:

– www.amazon.de
– www.buchkatalog.de

Auch die meisten Buchhandlungen vor Ort haben inzwischen Online-Such- und Bestellmöglichkeiten.

Subito

Mit diesem kostenpflichtigen Schnelldienst der Bibliotheken kann man sowohl Kopien von Zeitschriftenaufsätzen als auch Bücher weltweit bestellen und postalisch oder per Fax liefern lassen. Eine Registrierung als Kunde ist unter folgender Adresse notwendig:

– www.subito-doc.de

Online-Antiquariate

Hier werden alte bzw. vergriffene Medien wie Bücher, Noten, Grafiken, Autografen, Postkarten und Schallplatten zum Kauf angeboten:

- www.zvab.com/index.do
- www.abebooks.de
- www.medimops.de

Metakataloge

Mit dem *Karlsruher Virtuellen Katalog* (KVK) lassen sich über 500 Millionen Bücher und Zeitschriften weltweit abfragen und bestellen. Zugangsadresse:

- www.ubka.uni-karlsruhe.de/kvk.html/

Der deutsche Bildungsserver

Im Deutschen Bildungsserver sind Unterrichtsfächer aufgelistet. Per Stichwortsuche kann man umfangreiches Material zu einem bestimmten Thema finden:

- www.bildungsserver.de

Fachleute

Für nahezu jedes Thema gibt es Spezialisten, die sachkundig und kompetent Auskunft geben können. Dazu zählen in erster Linie die betreuenden Fachlehrer, aber auch alle anderen Personen, die mit dem Fach oder dem Thema vertraut sind. Experten sind sowohl bei inhaltlichen Fragen als auch bei der Informationsbeschaffung behilflich. Man sollte es sich daher zur Regel machen, eine

Expertenmeinung einzuholen, wenn man eine wichtige Frage hat.

Institutionen

Institutionen, Organisationen und Vereine zeichnen sich durch eine Spezialisierung auf einem bestimmten Gebiet aus. Ihre Arbeit wird in der sogenannten »grauen Literatur« (vgl. S. 62) publiziert. Bezieht sich das Thema der wissenschaftlichen Arbeit auf das Spezialgebiet einer Institution, so ist es notwendig, sich an diese Institution zu wenden. Gerade bei Forschungsarbeiten sind Institutionen mit Expertenauskunft und Informationsmaterial oft sehr behilflich.

Faustregel: Bevor man sich an einen Experten oder eine Institution wendet, sollte man Fragen präzise vorbereiten. Beim Besuch einer Bibliothek ist eine Literaturliste unverzichtbar.

3. Eigene Datenerhebung

In den klassischen naturwissenschaftlichen Fächern Biologie, Chemie und Physik, aber auch in Sozialkunde und Geschichte bilden eigene Datenerhebungen (Panels und Experimente) oft die Grundlage der wissenschaftlichen Arbeit. In diesem Fall werden empirische Daten durch Experiment, Interview, Befragung, Beobachtung usw. gewonnen.

Eine empirische oder experimentelle Untersuchung kann nur sinnvoll durchgeführt werden, wenn man vorher die Fachliteratur dazu gelesen hat. Denn nur so ist es möglich, sich im Vorfeld methodisch abzusichern, sich mit den jeweiligen empirischen Arbeitstechniken vertraut zu machen und praktische Fehler zu vermeiden.

Bei der Unterscheidung der Quellen im Literaturverzeichnis gehören eigene Datenerhebungen in die Rubrik *Primärquellen*, während die herangezogene Fachliteratur der *Sekundärliteratur* zuzuordnen ist.

4. Fachliteratur finden

Zu den grundlegenden Voraussetzungen wissenschaftlichen Arbeitens gehört die Beschaffung jener Fachinformationen, die für die adäquate Behandlung eines bestimmten Themas notwendig sind. Bei literaturwissenschaftlichen Arbeiten benutzt man für die Primärliteratur am besten die historisch-kritischen Ausgaben. Bei der Arbeit mit der Sekundärliteratur ist unabhängig vom Fach selektives Vorgehen unerlässlich. Das setzt Auswahlkriterien voraus, die festgelegt werden, wenn man weiß, welche Informationen man wofür braucht. Solche Informationen sind in verschiedenen Formen wissenschaftlicher Literatur zu finden.

a) Handbücher und Fachlexika

Handbücher und Fachlexika bieten durch einschlägige Artikel den ersten Zugang zur Forschungsliteratur. Handbucheinträge geben einen Einblick in behandelte Themengebiete und in die Methoden. Sie enthalten außerdem nützliche Hinweise auf die weiterführende Literatur.

Fachlexika sind auf das gesamte Fach ausgerichtet. Sie

bieten u. a. Erklärungen zu Begriffen und Termini, die für ein bestimmtes Fach gebräuchlich sind. Auch Lexikonartikel enthalten meist wertvolle bibliografische Hinweise. Die Beschäftigung mit Lexikonartikeln kann helfen, das Problem zu präzisieren und seine Vernetzung mit anderen Themen besser zu beurteilen.

b) Bibliografien

In Bibliografien werden Veröffentlichungen aus einem bestimmten Fachgebiet in einem Verzeichnis erfasst. Durch ihre thematische Zusammenstellung ermöglichen bibliografische Verzeichnisse eine schnelle Orientierung.

c) Fachzeitschriften

Fachzeitschriften erscheinen in mehreren Themenheften pro Jahr. Durch wertvolle Hinweise auf die Literatur haben sie einen wichtigen Stellenwert bei der Informationssammlung. Aufsätze in Fachzeitschriften spiegeln den aktuellsten wissenschaftlichen Diskussionsstand des jeweiligen Fachgebietes wider. Deshalb ist die Lektüre einschlägiger Fachzeitschriften zwingend notwendig.

d) Monografien

Monografien sind in sich abgeschlossene Einzelpublikationen über einen einzelnen Gegenstand der Wissenschaft. Sie bieten durch ihre Ausführlichkeit in Inhalt und weiterführender Literatur eine wichtige Informationsquelle.

e) Sammelbände

Sammelbände enthalten Beiträge verschiedener Wissenschaftler zu einem bestimmten Thema. Oft handelt es sich
um dokumentierte Tagungsergebnisse, in denen u. a. aktuelle Forschungsentwicklungen vorgestellt und diskutiert
werden.

f) »Graue Literatur«

Unter diesem Begriff versteht man Veröffentlichungen von
Organisationen, Institutionen, Vereinen, Behörden usw.
Solche Publikationen können nicht über den Buchhandel,
sondern bei den jeweiligen Institutionen, ggf. Autoren
oder Herausgebern bezogen werden.

g) Online-Publikationen

Internettexte stellen aufgrund ihrer teilweise ungeprüften
Inhalte und sich wandelnden Quellen problematische Res-
sourcen für das wissenschaftliche Arbeiten dar. Sie müssen
daher mit besonders kritischen Augen gemustert werden.
Allzu viel Dubioses und Unbrauchbares ist dabei im Um-
lauf. Grundsätzlich ist es besser, mit Online-Publikationen
sparsam umzugehen. Sie sollten nur herangezogen werden, wenn sie erstens die oben angesprochenen Mindest-
qualitätsanforderungen erfüllen und zweitens für das behandelte Fachthema keine andere als die Internetquelle zugänglich ist.

Anders ist das bei Open-Access-Publikationen. »Open
Access« bedeutet, dass wissenschaftliche Publikationen

(Fachliteratur) im Volltext (Open-Access-Dokumente) für Interessierte dauerhaft frei zugänglich bzw. verfügbar sind. Solche Publikationen sind in den sogenannten Repositorien (Datenbanken und elektronischen Archiven) abgelegt. Der Zugriff auf Open-Access-Publikationen erfolgt in der Regel über Internetsuchmaschinen. Eine Metasuche für qualitätsgeprüfte Open-Access-Zeitschriften bietet z. B. das *Directory of Open Access Journals* (*DOAJ*)

Der Umgang mit Open-Access-Publikationen im Rahmen einer wissenschaftlichen Arbeit ist durch die *Berliner Erklärung* von Oktober 2003 klar geregelt:

»Die Urheber und Rechteinhaber solcher Veröffentlichungen gewähren allen Nutzern unwiderruflich das freie, weltweite Zugangsrecht zu diesen Veröffentlichungen und erlauben ihnen, diese Veröffentlichungen – in jedem beliebigen digitalen Medium und für jeden verantwortbaren Zweck – zu kopieren, zu nutzen, zu verbreiten, zu übertragen und öffentlich wiederzugeben sowie Bearbeitungen davon zu erstellen und zu verbreiten, sofern die Urheberschaft korrekt angegeben wird [...].« (Berliner Erklärung über den offenen Zugang zu wissenschaftlichem Wissen: openaccess.mpg.de/68053/Berliner_Erklaerung_dt_Version_07–2006.pdf, Abrufdatum: 19. 8. 2022.)

5. Umgang mit der Sekundärliteratur

Die Textflut, mit der man sich im Rahmen einer wissenschaftlichen Arbeit auseinandersetzen muss, verlangt einen gut geschulten Umgang mit Techniken, fremde Texte schnell zu erfassen und für die eigene Arbeit zu erschließen.

a) Auswahltechnik für Sekundärliteratur

Eine qualitative Literaturauswahl gibt den Ausschlag für eine gründliche Auseinandersetzung mit dem Thema. Das wiederum ist Voraussetzung für eine inhaltlich fundierte wissenschaftliche Arbeit (Darst. 6). Folgendes Vorgehen ist dabei ideal:

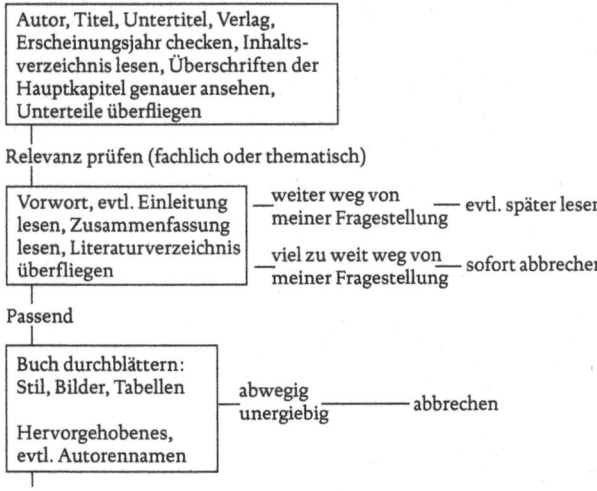

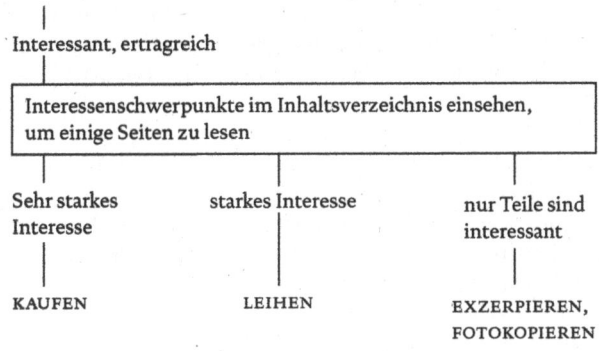

Darst. 6: Auswahltechnik für Sekundärliteratur (in Anlehnung an Herbert Gudjons: »Leitfaden zur Erstellung von Referaten, Klausuren, Examens- und Diplomarbeiten.« In: Pädagogik 9, 1990, S. 32)

Kriterien für die Literaturauswahl sind:

– Einschlägigkeit,
– Qualität und Relevanz für das Arbeitsthema,
– Priorität für neuere Publikationen.

b) Selektion von Informationen

Hat man die einschlägige Literatur gefunden, muss man sie nach wissenschaftlichen Kriterien durcharbeiten. Jedes Buch, jeden Aufsatz von der ersten bis zur letzten Seite durchzulesen ist weder sinnvoll noch notwendig. Sinnvoll ist vielmehr eine Vorgehensweise, die für das eigene Informationsbedürfnis besonders gewinnbringend ist. Dafür braucht man ein klares Informationsziel, mit dem man an das Buch oder den Aufsatz herangeht. Folgende Systematik kann dabei helfen, eine bedürfnisorientierte Teillektüre effizient zu gestalten:

– *Inhaltsverzeichnis* lesen, um sich einen Überblick über die Gliederung des Buches zu verschaffen.
– *Kapitel- und Abschnittüberschriften* lesen, weil sie bei Zeitschriften und Aufsätzen in Sammelwerken eine inhaltliche Orientierung bieten.
– *Sachwortregister* lesen, da sie Seitenzahlen angeben, wo die Sachbegriffe im Text vorkommen.
– Die *Einleitung* durchlesen, weil sie Auskunft über die behandelte Thematik gibt.
– *Zusammenfassungen* am Ende des Buches, Kapitels oder Abschnittes lesen, weil in ihnen die wichtigsten Ergebnisse festgehalten werden.

c) Fachliteratur lesen: Methoden und Techniken

Das Lesen und Verstehen der Fachliteratur ist beim Verfassen einer wissenschaftlichen Arbeit unverzichtbar. Allerdings zeichnen sich viele wissenschaftliche Texte durch einen hohen Grad an Komplexität aus. Ihre Erschließung kann daher vor besondere Herausforderungen stellen, die es im Prozess wissenschaftlichen Arbeitens zu überwinden gilt. Ohne Strategie gestaltet sich das Lesen wissenschaftlicher Texte besonders mühsam, und dies kann sich ggf. negativ auf den gesamten Arbeitsprozess auswirken. Vor diesem Hintergrund empfiehlt sich die Aneignung und gezielte Anwendung bewährter Lesetechniken und

-strategien, die effizientes Lesen der Fachliteratur unter-
stützen:

Traditionelle Lesemethode

Traditionelles Lesen gehört zu den am häufigsten prakti-
zierten Lesetechniken beim wissenschaftlichen Arbeiten.
Diese gliedert das Lesen eines wissenschaftlichen Textes in
zwei Lesevorgänge: Beim ersten Lektürevorgang werden
alle Informationen markiert, die als wichtig erachtet werden; beim zweiten Lektürevorgang werden diese Informationen herausgeschrieben. Erfolgreiches traditionelles Lesen setzt allerdings voraus, dass der Leser in der Lage ist,
Wichtiges von Unwichtigem zu unterscheiden.

Sokratisches Lesen

Ziel der *sokratischen Lesemethode* ist es, Texte auf ihren
Wahrheitswert zu prüfen, indem bestimmte Fragen an sie
gestellt werden. Mit Hilfe der Fragetechnik »Was meint/
bedeutet ...?« versucht der Leser die Grundannahmen und
Implikationen aufzudecken, die sich hinter den konventio-
nellen (d. h. offensichtlichen) Aussagen eines Textes ver-
bergen. Folgerichtig werden alle Begriffe, Definitionen,
Argumente, Hypothesen des Fachtextes auf den Prüfstand
gestellt.

Die SQ3R-Methode

Die von Francis P. Robinson entwickelte Methode gehört
zu den bekanntesten Lesestrategien, wenn es darum geht,
einen Fachtext systematisch zu erschließen. Die Buchsta-
benfolge SQ3R steht für die Abfolge, die der Leser beim
Lektürevorgang einhalten sollte:

- **Survey** (Überblick): Im ersten Schritt verschaffen sich die Lesenden einen Überblick über den Fachtext, indem sie anhand von Überschriften, Aufbau sowie Stichwörtern den groben inhaltlichen Gesamtrahmen erfassen.
- **Question** (Fragen): Im zweiten Schritt formulieren sie sie Fragen an den Text oder Textabschnitt mit dem Ziel, beim Lesen (3. Schritt) entsprechende Antworten zu suchen. Der zweite Schritt stellt eine aktive Annäherung an den Text dar.
- **Read** (Lesen): Im dritten Schritt wird der Text abschnittweise gelesen. Man versucht, den Text zu verstehen, indem man Antworten auf die Fragen sucht, die im zweiten Schritt formuliert wurden. Darüber hinaus werden durch Markierungen alle Begriffe, Stichwörter und Zusammenhänge festgehalten, die wichtig erscheinen.
- **Recite** (Wiedergabe): Im vierten Schritt vergewissern sich die Lesenden, dass sie den Inhalt jedes Abschnittes verstanden haben, indem sie diesen kurz rekapitulieren. Wichtig ist dabei, dass sie sich darüber klar werden, in welchem Zusammenhang die markierten Begriffe und Stichwörter miteinander stehen.
- **Review** (Rückblick): Im fünften Schritt wird der Text in wenigen Sätzen zusammengefasst, so dass dessen Inhalt bzw. Aussage auf diese Weise komprimiert festgehalten ist. Eine sinnvolle Orientierung bieten dabei die im zweiten Schritt (Question) formulierten Fragen.

Die Sechs-Schritt-Methode (PQ4R)

Die Sechs-Schritt-Methode (PQ4R) ist eine Weiterentwicklung der SQ3R-Lesemethode. Sie setzt sich aus folgenden Schritten zusammen:

- **Preview** (Überblick gewinnen): Bei diesem Schritt geht es darum, durch kursorisches Lesen einen ersten Eindruck und einen Überblick über den Text zu gewinnen. Hierbei macht man sich mit dem Thema (Worum geht es?) und der Struktur des Textes (Wie ist der Text aufgebaut?) vertraut.
- **Questions** (Fragen formulieren): Bei diesem Schritt formulieren die Lesenden Fragen an den Text, die ihr Erkenntnisinteresse (z. B. Forschungsfrage, Problemstellung der Abschlussarbeit) leiten. Hilfreich sind hier die klassischen W-Fragen (Wer? Was? Warum? Wann? Wozu? Wie? Wo?)
- **Read** (Lesen): Nun wird der Text gründlich gelesen, und zwar so, dass man anhand der formulierten Fragen in einen geistigen Dialog mit dem Text eintritt, indem man einerseits die Aussage und Argumentation des gelesenen Textes nachzuvollziehen versucht und andererseits das Verstandene mit seinem Vorwissen verknüpft und vertieft.
- **Recite** (Schriftliche Rekonstruktion des Gelesenen aus dem Gedächtnis): Bei diesem Schritt formuliert der Lesende die zentralen Aussagen des gelesenen Textes aus dem Gedächtnis und mit eigenen Worten neu. Durch diese Rekonstruktionsleistung kann er sich Inhalte der gelesenen Fachtexte besser einprägen.
- **Review** (Rückblick und Kontrolle): Dieser Schritt dient der Absicherung des Textverständnisses. Hierbei überprüft der Lesende, ob seine Notizen alle wesentlichen Aussagen enthalten. Es empfiehlt sich, die Kernaussagen des Fachtextes kurz zusammenzufassen oder in einem Schaubild bzw. einer Tabelle o. Ä. anschaulich festzuhalten.

Die Frage-Technik

Für Studierende, die bereits Grundwissen in ihrem Fach erworben haben, empfiehlt sich die Methode der Fragetechnik beim Lesen der Fachliteratur. Hierbei formuliert man vor dem Lesen bestimmte Fragen an den Text und versucht, diese während des Leseprozesses zu beantworten. Wichtig ist dabei, dass die gefundenen Antworten sofort notiert, d. h. dokumentiert werden. Sollte der Text keine Antworten auf die Fragen oder bestimmte Fragen liefern, so sollte dies ebenfalls festgehalten werden. Beides dient dann als Grundlage für die kritische Auseinandersetzung mit dem jeweiligen Text und ggf. für die Identifikation einer möglichen Forschungslücke.

d) Textverständnis dokumentieren: Exzerpieren

Exzerpieren (Auszüge machen) ist für das wissenschaftliche Arbeiten eine unentbehrliche Technik. Mit dem Exzerpt wird durch *Selektionsarbeit* das Wesentliche eines gelesenen Textes erfasst und für den späteren Gebrauch, ohne noch einmal den Originaltext nachschlagen zu müssen, systematisch und griffbereit protokolliert.

Exzerpte enthalten relevante Lektüreergebnisse und die von ihnen ausgelösten Gedanken, die man in die eigene Arbeit einbinden möchte. Diese Informationen können in Form von

– wörtlichen Zitaten (wörtlichen Exzerpten),
– Paraphrasen (freien Exzerpten) und
– Kommentaren (Vermerken)

festgehalten werden.

Für die Erstellung von Exzerpten sind folgende Texter-
schließungsfragen hilfreich:

– Welche zentralen Aussagen liegen dem Text zugrunde?
– Welche Thesen stellt der Verfasser auf?
– Welche Schlussfolgerungen werden gemacht?
– Welche Frage/n lässt der Text offen?

Um die relevanten Gedankengänge des Textes zu kennzeichnen, bedient man sich folgender Techniken:

– Unterstreichungen,
– Farbliche Markierungen,
– Randzeichen,
– Randbemerkungen (für Kritik, persönliche Kommenta-
  re und Vermerke).

Jede Literaturquelle wird einzeln exzerpiert. Damit gewinnt
man einen besseren Überblick. Für digitales Exzerpieren
sind Literaturverwaltungsprogramme zu empfehlen. Durch
einen Datenimport aus Bibliothekskatalogen (OPAC) erleichtern sie das Sammeln, Sichten und Vorstrukturieren der Arbeit. Unter anderem gibt es folgende Angebote:

– *Citavi:* kommerziell (www.citavi.com)
– *Endnote:* kommerziell (endnote.com)
– *Zotero:* kostenfrei, Open-Source (www.zotero.org)

Näheres zu Literaturverwaltungsprogrammen s. S. 82 f.
   Arbeitet man mit Karteikarten, so ist darauf zu achten,
dass alle Exzerpte eine einheitliche Struktur haben (Darst. 7).
Mindestangaben im Exzerptkopf sind:

- genaue Quellenangaben (Autor und Titel des exzerpierten Textes, Erscheinungsort und Erscheinungsjahr, Seitenangaben),
- Signatur des Buches (Standort in der Bibliothek),
- Datum der Abfassung des Exzerptes,
- ggf. Nummerierung, falls sich das Exzerpt über mehr als eine Seite erstreckt.

Folgendes Formblatt könnte zur Verwendung im größeren Format fotokopiert werden:

Stichwort:	Standort:	Signatur:
Quellenangaben:		
Textauszug		**Eigene Kommentare**
Relevanz für die eigene Arbeit Zuordnung		
Gesamteinschätzung		

Darst. 7: Struktur eines Exzerpts (in Anlehnung an Bohl 2005, Anhang, K4)

Genutzt werden können auch digitale Notizbücher. One-Note (Microsoft) z. B. bietet vielfältige Möglichkeiten, Exzerpte strukturiert abzulegen (und später auch umzusortieren). Auch Bilder, Links, sonstige Daten können eingefügt werden. Gleiches gilt für Evernote, Vista Wiki u. a.

Auch mit diesen Tools können wissenschaftliche Arbeiten strukturiert vorbereitet werden. Sie können bereits als *Mind Mapping*-Tool (vgl. S. 45–49) eingesetzt werden und ermöglichen den geschickten Übergang zur Ausarbeitung mit Exzerpten und Notizen. Die meisten Angebote sind in der Vollversion allerdings kostenpflichtig.

Exzerpte müssen exakt und fehlerfrei sein (wörtliches Exzerpt), beim Paraphrasieren darf der Sinn nicht verändert werden. Da die Sekundärliteratur zum Teil aus geliehenen Büchern oder Kopien besteht, mag als Maxime dienen: Wichtige Stellen und Informationen sofort, sorgfältig und vollständig exzerpieren.

e) Sortieren und Verwalten von Exzerptdateien

Auf das Exzerpieren folgt die Nachbereitung der Lektüre: Die durch Exzerpte gesicherten Ergebnisse werden weiter komprimiert, so dass sie in immer übersichtlicherer Form zusammengestellt werden. Daraus entwickelt sich fast automatisch eine Struktur bzw. eine vorläufige Gliederung.

Zuerst sortiert man aus den gesammelten Ideen die brauchbaren heraus und ordnet sie bestimmten Gesichtspunkten der Arbeit zu. Danach nimmt man eine inhaltliche Skalierung jedes einzelnen Exzerpts nach dem Schulnotensystem vor, um eine hierarchische Struktur zu erzeugen.

Für die Sortierung der Exzerpt-Dateien stehen folgende Methoden zur Verfügung:

- *Alphabetische Sortierung:* Die Exzerpt-Dateien werden nach Nachnamen der Autoren geordnet. Dieses Modell erleichtert das Erstellen des Literaturverzeichnisses.
- *Kapitelbezogene Sortierung:* Hier werden Exzerpt-Dateien einzelnen Kapiteln zugeordnet.
- *Thematische Sortierung:* Hier bilden thematische Schwerpunkte das Kriterium für die Zuordnung.
- *Auf Fragestellungen bezogene Sortierung:* Die Exzerpt-Dateien werden einzelnen Fragestellungen zugeordnet.

Es geht also darum, Blöcke zu bilden.

Auch *systematische Gesichtspunkte* und *Schlagwörter* bieten Anhaltspunkte beim Sortieren der Exzerpt-Dateien. Hier orientiert man sich an gliedernden Gesichtspunkten.

Für eine perfekte Verwaltung der Exzerpte empfehlen sich oben genannte Literaturverwaltungsprogramme. Sie bieten u. a. die Möglichkeit, eigene Schlagwörter zu vergeben und zu verwalten. Auch eine andere *elektronische Datenbank*, etwa eine übersichtliche Excel-Tabelle, kann zu diesem Zweck eingerichtet werden. Eine elektronische Verwaltung der Exzerpte bietet den grundlegenden Vorteil, dass eine mechanische Suchfunktion genutzt werden kann. Für die Niederschrift des Textes müssen Exzerpte so geordnet werden, dass sie griffbereit sind.

Die Informationsbeschaffung und ihre Auswertung bilden die Grundlage für eine qualitativ hochwertige wissenschaftliche Arbeit.

6. Zitieren: Grundregeln und Techniken

Jeder, der eine wissenschaftliche Arbeit schreibt, ist dazu angehalten, einwandfrei mit Zitaten umzugehen. Daher ist es wichtig, sich im Vorfeld über folgende Fragen klar zu werden:

- Was ist Zitieren?
- Warum zitiert man?
- Wozu zitiert man?
- Wie zitiert man richtig?

Was ist Zitieren?

Unter dem Terminus »Zitieren« versteht man die wörtliche oder sinngemäße Übernahme und Wiedergabe eines fremden Gedankens. Zitiert wird sowohl aus der Primärliteratur als auch aus der Sekundärliteratur. Alle Zitate müssen einzeln nachgewiesen werden.

Warum zitiert man?

Das Grundprinzip, nach dem wissenschaftlicher Fortschritt gewährleistet wird, ist die permanente Bezugnahme auf bereits vorliegende Arbeiten und die Weiterentwicklung ihrer Ergebnisse. Zitieren ist daher ein Mittel zur Kenntnisnahme und kritischen Würdigung dessen, was Vorgänger zu dem Thema veröffentlicht haben.[10] Dieser Anschluss muss allerdings produktiv gestaltet werden, in-

---

10 Mit der eigenen wissenschaftlichen Arbeit wird man Mitglied der *scientific community*, in der das Aneinanderknüpfen durch Zitieren eine der wichtigsten Spielregeln ist, die es einzuhalten gilt.

dem man fremde Gedanken nicht nur in die eigene Arbeit integriert, sondern sich von ihnen auch distanziert, wo es notwendig erscheint.

Durch Zitate signalisiert man zunächst rein formal:

- man hat sich sachkundig gemacht,
- man weiß, was andere Autoren bereits zum Thema veröffentlicht haben,
- man ist über den aktuellen Stand der Forschung informiert,
- man hält das Gebot der intellektuelle Redlichkeit ein,
- man gibt gefundene Meinungen und Standpunkte korrekt wieder.

Wozu zitiert man?

Für einen zweckmäßigen Einsatz von Zitaten im Text ist es wichtig, sich ihre unterschiedlichen inhaltlichen Funktionen bewusst zu machen. Zitate können demnach:

- einen Ausgangspunkt der eigenen Argumentation bilden,
- eine eigene Position absichern bzw. untermauern,
- eine fremde Meinung modifizieren bzw. präzisieren,
- einen Sachverhalt neu bewerten,
- Authentizität vermitteln,
- für besonders wichtige Stellen des Quellentextes stehen,
- die Übernahme wissenschaftlicher Fachbegriffe kennzeichnen.[11]

11 Beinke, Christiane [u. a.]: Die Seminararbeit. Schreiben für den Leser. Konstanz: UKV, 2008. S. 85–88.

Zitieren ist also kein Selbstzweck. Man zitiert, um Denkimpulse aus fremden Arbeiten aufzunehmen und weiterzuentwickeln. Zitiert wird nur da, wo es notwendig ist.

Wie zitiert man richtig?

Korrektes Zitieren ist, wie schon gesagt, Pflicht eines jeden wissenschaftlich Arbeitenden. Es erfordert größtmögliche Sorgfalt, Genauigkeit und Vollständigkeit. Jeder Missbrauch stellt die eigene Arbeit in Frage. Je nachdem, ob man wörtlich oder sinngemäß zitiert, sind entsprechende Regeln konsequent zu befolgen. Bei Arbeiten im Fach Deutsch ist zu beachten, dass Klassiker wie Goethe, Schiller usw. nur nach einer kritischen Ausgabe zitiert werden dürfen. Bei modernen Autoren ist die neueste Auflage heranzuziehen.

Zitate dürfen nicht unkommentiert im Text stehen. Man sollte vermeiden, die Arbeit mit einem Zitat zu beenden. Am Ende zählt das eigene Urteil bzw. die eigene Meinung.

a) Wörtliches Zitieren

Ein wörtliches Zitat – auch direktes Zitat genannt – ist eine wortgetreue Übernahme und Wiedergabe eines fremden Gedankens. Folgende Regeln sind bei wörtlichen Zitaten zu beachten:

1. Ein wörtliches Zitat muss formal und inhaltlich *vollkommen* mit dem Originaltext übereinstimmen.
2. Ein wörtliches Zitat wird in doppelte Anführungszeichen (»Zitat«) gefasst.

3. Zitate innerhalb eines Zitats stehen in einfachen Anführungszeichen (»... ›...‹ ...«).

4. Zitiert man einen zusammenhängenden Text nicht vollständig, so müssen Auslassungen durch drei Punkte in eckigen Klammern [...] gekennzeichnet werden. Durch Auslassungen darf der Sinn des Zitats nicht entstellt werden.

5. Eingeschobene Kommentare des Verfassers müssen ebenfalls in rechteckige Klammern gesetzt und mit dem Hinweis [d. Verf.] versehen werden.

6. Die Hervorhebung einer Textstelle, auf die man besonders aufmerksam machen möchte, wird durch Unterstreichung gekennzeichnet. Die Hervorhebung bedarf einer Anmerkung (etwa in einer Fußnote: »Hervorhebung stammt von mir.«), da es in den Originalen selbst oft schon Hervorhebungen (z. B. Kursivdruck) gibt.

7. Veränderungen etwa des Kasus sollten nach Möglichkeit vermieden werden. Ist das nicht möglich, so müssen die wegfallenden oder hinzugefügten Wörter und Kasusendungen in eckige Klammern gesetzt werden.

8. Enthält die zitierte Stelle einen Fehler, so muss dieser auch übernommen werden, allerdings muss man im Anschluss an den Fehler [sic!] (lat.: so!) einfügen.

9. Akademische Titel (Prof., Dr. usw.) sowie Amtsbezeichnungen (Direktor, Minister usw.) werden bei der Angabe der Quelle nicht aufgenommen. Gleiches gilt für weitere Namenszusätze und Berufsbezeichnungen.

10. Längere Passagen sind formal vom Fließtext abzusetzen. Das Zitieren längerer Passagen ist aber möglichst zu vermeiden.

b) Sinngemäßes Zitieren

Sinngemäßes Zitieren ist eine indirekte Übernahme eines fremden Gedankens und seine Wiedergabe in eigenen Worten, d. h. durch Paraphrasieren. In diesem Fall sind folgende Regeln zu beachten:

1. Der Sinn der zitierten Stelle darf beim Paraphrasieren nicht entstellt werden.
2. Dem Fußnotentext zur Angabe der Quelle (deutsches System) wird die Abkürzung »Vgl.« (»Vergleiche«) vorangestellt.
3. Die paraphrasierte Stelle muss gemäß den Regeln für Quellenangaben (vgl. S. 60–64) exakt angezeigt werden.

Sowohl für wörtliche als auch für sinngemäße Zitate gilt:

1. Erstreckt sich ein Zitat über eine und die nachfolgende Seite, muss man den Zusatz »f.« zur Seitenangabe setzen (z. B. »S. 8 f.«). Bei mehr als zwei Seiten wird »ff.« hinzugefügt. Vorzuziehen sind jedoch präzise Seitenbereichsangaben (z. B. »Vgl. S. 18–22«).
2. Für unmittelbar aufeinanderfolgende Zitate derselben Quelle benutzt man die Abkürzung »Ebd., S. ...«. Die Seitenangabe entfällt, wenn sich die Quellenangabe auf dieselbe Seite bezieht.
3. Bei einem bereits genannten Titel kann man sich auf den Vornamen, Namen des Verfassers, Kurztitel und Seitenangabe beschränken. Möglich ist auch: Nachname, Jahreszahl und Seitenangabe, wenn der vollständige Titel im Literaturverzeichnis nachgewiesen ist.

4. Nachweise mit »a. a. O.« (»am angegebenen Ort«) sind veraltet und verwirrend. Sie sollten deshalb nicht verwendet werden.

c) Zitieren aus dem Internet

Auch bei der Verwendung zitierfähiger Dokumente aus dem Internet ist eine vollständige Quellenangabe zwingend erforderlich (vgl. unten S. 87).

d) Zitieren aus fremdsprachiger Literatur

Fremdsprachige Werke können im Original oder in der Übersetzung (falls vorhanden) zitiert werden. Der Quellenangabe und/oder dem Literaturverzeichnis wird jedoch die deutschsprachige Begrifflichkeit zugrunde gelegt. Man schreibt dann »(Hg.)/(Hrsg.)« statt »(ed.)« oder »(éd.)« zur Bezeichnung des Herausgebers sowie »S.« statt »p.« für die Seitenangaben.

e) Zitieren aus zweiter Hand

Grundsätzlich stützen sich wissenschaftliche Arbeiten auf Originalzitate. Zitate aus zweiter Hand dürfen nur dann benutzt werden, wenn der Aufwand, das Originalwerk heranzuziehen, unzumutbar wäre. Zitiert man aus zweiter Hand, so ist der Quellenangabe in der Fußnote der Vermerk »Zit. nach« (»Zitiert nach«) voranzustellen.

f) Übernahme von Darstellungen

Darstellungen (Tabellen, Grafiken, Diagramme usw.) können wie Textzitate unverändert oder abgeändert übernommen und in die Arbeit eingebaut werden. Bei einer unveränderten Übernahme ist die Quelle wie bei einem wörtlichen Zitat anzugeben. Wird die Darstellung abgeändert übernommen, muss auf die Tatsache der Modifikation bei der Quellenangabe hingewiesen werden (vgl. die Legende zu Darst. 7, S. 72).

g) Was nicht zitiert wird

Nicht alles Gedruckte ist zitierpflichtig oder zitierfähig.
Nicht zitierpflichtig sind:

- Allgemeinwissen aus Konversationslexika,
- allgemeine Fachausdrücke aus Fachlexika.

Nicht zitierfähig[12] sind:

- Publikumszeitschriften und Boulevardzeitungen,
- Prospekte,
- Haus-, Seminar- und Prüfungsarbeiten,
- mathematische Formeln.

---

12 Eine Ausnahme ist allerdings, wenn solche Publikationen selbst Gegenstand der Untersuchung sind. In diesem Fall bilden sie Primärquellen.

h) Zitationsmanager/Literaturverwaltungsprogramme

Zitationsmanager bzw. Literaturverwaltungsprogramme bilden eine effiziente Lösung, wenn es darum geht, die im Rahmen einer wissenschaftlichen Arbeit zitierte Fachliteratur und weitere Quellen professionell zu verwalten und den Überblick zu behalten. Zitate, Bilder und andere Dokumente können als Textbausteine in der Textverarbeitung verwendet werden. Darüber hinaus funktionieren sie wie eine Datenbank, in der z. B. bibliografische Angaben (Autor, Titel, Erscheinungsdatum, Seitenangaben etc.) zum Zweck einer systematischen Wissensorganisation gespeichert werden. Auf diese Weise wird das Literaturverzeichnis automatisch generiert, so dass die häufig fehleranfällige händische Erstellung der Bibliografie am Ende einer wissenschaftlichen Arbeit überflüssig wird. Auch lässt sich mit Hilfe eines Zitationsmanagers eine Aufgabenplanung (z. B. Termine und Leihfristenden) oder eine Literatursuche in einer Literaturdatenbank durchführen. Zu den gegenwärtig wichtigsten Zitationsmanagern gehören:

- *Citavi*
- *Endnote*
- *Zotero*

Während *Citavi* und *Endnote* kommerzielle Literaturverwaltungsprogramme sind (ihre Benutzung setzt den Erwerb einer entsprechenden Lizenz voraus), kann *Zotero* als Open Source kostenlos benutzt werden.

Natürlich sollten Sie das Literaturverzeichnis und andere Angaben noch einmal überprüfen, nach dem Sie die Daten aus dem jeweiligen Zitationsmanager in das Manuskript importiert haben.

7. Techniken der Quellenangabe

Quellenangaben dienen dazu, die Herkunft eines angeführten fremden Gedankens (Zitat oder Paraphrase) eindeutig identifizierbar und überprüfbar zu machen. Sie müssen deshalb *exakt* und *vollständig* sein. Der genaue Aufbau der Quellenangabe hängt von der Art der Quelle ab: Man unterscheidet zwischen Monografien, Zeitschriften- und Zeitungsartikeln, Beiträgen in Sammelbänden, Publikationen im Internet usw.

Bei der Quellenangabe sind erstens ihre *Bestandteile und deren Reihenfolge*, zweitens die *Form* und drittens die *Interpunktionsregeln* zu beachten.

Zwei Modelle bieten sich bei Quellenangaben an: Das angloamerikanische und das deutsche. Maßgeblich ist, dass nur ein Modell für die gesamte Arbeit konsequent angewandt wird.

a) Quellenangaben nach amerikanischem Zitierschema

In neueren wissenschaftlichen Arbeiten werden Quellen bevorzugt nach dem angloamerikanischen Zitierschema der *Modern Language Association* (MLA)[13] angegeben: Man

---

13 Gibaldi, Joseph: MLA Handbook for Writers of Research Papers. New York: MLA, [6]2003.

fügt unmittelbar hinter dem *Zitat* eine Kurzbeschreibung der Quelle in runden Klammern ein. Die Quelle besteht aus folgenden drei Teilen: 1. Verfassername(n), 2. Erscheinungsjahr, 3. Seitenangabe.

Beispiel:
»Zum Fest gehört die Sinnlichkeit. Auge, Ohr, Mund und Nase sind aufs höchste beteiligt« (Sundermeier 1996, S. 146).

Auch sinngemäße Zitate werden nach diesem Modell belegt.

Dieser Typus von Quellenangaben wird als *Kurzbelegform* bezeichnet. Die vollständigen Angaben müssen dann *einheitlich* im alphabetisch geordneten Literaturverzeichnis so aufgeführt werden: 1. Name des Autors, 2. Vorname, 3. Erscheinungsjahr (in runden Klammern), 4. Titel und ggf. Untertitel, 5. Auflage (erst ab der 2. Aufl.), 6. Erscheinungsort, 7. Verlag, 8. ggf. Reihentitel und Bd.-Nr. (in runden Klammern).

Beispiel:
Sundermeier, Theo (1996): Den Fremden verstehen. Eine praktische Hermeneutik. Göttingen: Vandenhoeck und Ruprecht. (= Gesellschaft und Sprache, 11.)

Wenn mehrere Werke eines Autors aufgeführt werden, so werden diese chronologisch aufsteigend geordnet. Sind zwei oder mehr verwendete Werke eines Autors im selben Jahr erschienen, so werden diese Titel in der Kurzbelegform und im Literaturverzeichnis durch Buchstaben hinter der Jahreszahl (z. B. »1996a«, »1996b« usw.) eindeutig voneinander geschieden.

b) Quellenangaben nach deutschem Zitierschema

Nach einem Zitat (wörtlich oder sinngemäß) folgt – wie im vorliegenden Band – eine Anmerkungsziffer für die Fußnote. Je nach Quelle sind bestimmte Angaben erforderlich. Die dazugehörigen Zeichensetzungsregeln (Interpunktion) sind den nachfolgenden Beispielen zu entnehmen, sofern der Betreuer der Arbeit keine anderweitigen Richtlinien vorgibt.

Quellenangaben für Bücher (Monografien)
1. Name des Autors, 2. Vorname, 3. Titel und ggf. Untertitel, 4. Auflage (ab der 2. Auflage), 5. Erscheinungsort (bei mehreren nur der erste), 6. Verlag, 7. Erscheinungsjahr (der jeweiligen Auflage), 8. Seitenangabe.

Beispiel:
Küchler Williams, Christiane: Erotische Paradiese. Zur europäischen Südseerezeption im 18. Jahrhundert. Göttingen 2004. S. 48.

Quellenangaben für Buchbeiträge
1. Name des Autors, 2. Vorname, 3. Titel des Beitrags, 4. »In:«, 5. Titel und ggf. Untertitel des Sammelbandes, 6. Herausgeber des Sammelbandes (Nachname und Vorname), 7. Auflage des Sammelbandes (ab der 2. Auflage), 8. Erscheinungsort, 9. Erscheinungsjahr, 10. Seitenangabe des Beitrags, 11. Seitenangabe des Zitats.

Beispiel:
Wagner, Benno: »Franz Kafka (Orson Welles: The Trial –
Steven Soderbergh: Kafka). Bilderpolitik.« In: Literatur-
verfilmungen. Bohnenkamp, Anne (Hrsg.). Stuttgart
2005. S. 145–157, hier S. 147.

Quellenangaben für Artikel aus Fachzeitschriften
1. Name des Autors, 2. Vorname, 3. Titel des Beitrags, 4.
»In:«, 5. Name der Zeitschrift, 6. Jahrgang der Zeitschrift, 7.
Erscheinungsjahr der Zeitschrift, 8. Heftnummer im Erscheinungsjahr (Abkürzung H. oder Nr.), 9. Seitenumfang
des Beitrags, 10. Seitenangabe des Zitats.

Beispiel:
Rosenberg, Robert: »Why is Ice Slippery?« In: Physics
Today 58 (2005) H. 12. S. 50–55, hier S. 52.

Quellenangaben für Artikel aus Zeitungen
1. Name des Autors, 2. Vorname, 3. Titel des Beitrags, 4.
»In:«, 5. Name der Zeitung, 6. Nummer der Ausgabe, 7. Erscheinungsdatum, 8. Seitenangabe des Zitats.

Beispiel:
Löfken, Jan Oliver: »Chemie im Plasmastrahl. Geburt
eines Werkstoffs: Dünne Graphitschichten reagieren
mit Wasserstoff.« In: Frankfurter Allgemeine Zeitung.
Nr. 47. 25. Februar 2009. S. N 2.

Quellenangaben für Artikel aus der »grauen Literatur«
1. Name des Autors, 2. Vorname, 3. Titel des Beitrags, 4. Titel und ggf. Untertitel des Sammelbandes, 5. Herausgeber

des Sammelbandes (Name und Vorname), 6. Auflage des Sammelbandes, 7. Erscheinungsort, 8. Erscheinungsjahr, 9. Seitenumfang des Beitrags, 10. Seitenangabe des Zitats.

Beispiel:
Kaiser, Carl-Christian: »Struktur und Funktion des Bundestages.« In: Der Deutsche Bundestag. Im Reichstagsgebäude. Deutscher Bundestag, Referat Öffentlichkeitsarbeit (Hrsg.). Berlin 2003. S. 106–187, hier S. 162.

Quellenangaben für Beiträge aus dem Internet
1. Name des Autors, 2. Vorname, 3. genauer Titel des Dokuments, 4. Quelle (URL: Uniform Resource Locator), 5. Datum des Zugriffs (in Klammern).

Beispiel:
Birus, Hendrik: »Goethes Idee der Weltliteratur. Eine historische Vergegenwärtigung.« In: Goethezeitportal. URL: http://www.goethezeitportal.de/fileadmin/PDF/db/wiss/goethe7birus_weltliteratur.pdf (10. 1. 2022).

Grundsätzlich müssen Quellenangaben
– vollständig und exakt,
– einheitlich strukturiert (einschließlich Interpunktion),
– übersichtlich und
– fehlerfrei sein.

8. Literaturverzeichnis anlegen

Beim Verfassen eines Literaturverzeichnisses wird die strikte Umsetzung festgelegter Standards erwartet. Die zwei beschriebenen Systeme, das deutsche und amerikanische (vgl. oben S. 83–87) stehen dabei gleichberechtigt zur Auswahl. Hat man sich für ein System entschieden, so ist dieses unbedingt in der gesamten Arbeit beizubehalten. Daran wird die formale Richtigkeit des Literaturverzeichnisses gemessen und beurteilt. Nicht die Anzahl, sondern die Qualität der aufgeführten Titel gibt Rückschlüsse über die Recherchefähigkeit des Verfassers. Die nachstehenden Richtlinien sind verbindlich.

a) Standards zur formalen Struktur

- Der Übersichtlichkeit und der besseren Lesbarkeit halber wird mit hängendem Einzug gearbeitet.
- Auflagenangaben (erst ab der zweiten Auflage erforderlich) werden durch hochgestellte Auflagenzahl unmittelbar vor dem Erscheinungsjahr vermerkt.
- Bei mehreren Werken desselben Autors wird chronologisch geordnet; nur bei der ersten Angabe steht der Name des Autors. Danach wird der Name durch einen Spiegelstrich (–) ersetzt.
- Mehrere Autoren oder Herausgeber und mehrere Erscheinungsorte werden durch einen Schrägstrich (/) getrennt.
- Ab vier Autoren oder Herausgebern wird nur der Name des ersten mit dem Zusatz »u. a.« genannt. Gleiches gilt bei mehr als drei Erscheinungsorten.

- Ist das Erscheinungsjahr unbekannt, so schreibt man anstelle des Erscheinungsjahres »o. J.« (»ohne Jahresangabe«).
- Die Namen von Zeitschriften, Lexika sowie Reihennamen werden nach den eingeführten Gepflogenheiten eines Faches abgekürzt.
- Die Angaben im Literaturverzeichnis werden im Gegensatz zu Fußnoten (deutsche Quellenangabe) *nicht* durch einen Punkt abgeschlossen.

b) Beispiele für Literaturangaben

Legt man eine Literaturdatenbank beim Exzerpieren (vgl. S.82 f.) an, dann lässt sich das Literaturverzeichnis leicht zusammenstellen. Die Zeichensetzungsregeln (Interpunktion) sind den nachfolgenden Beispielen zu entnehmen:

Literaturangaben für Bücher (Monografien)
Schütte, Jürgen: Einführung in die Literaturinterpretation. Stuttgart: Metzler, ^{4}2005 (= Sammlung Metzler, 217)
Grass, Günter: Im Krebsgang. Eine Novelle. Göttingen: Steidl, 2002

Literaturangaben für Buchbeiträge
Baurmann, Jürgen: »Schulisches Schreiben.« In: Kämper-van den Boogaart, Michael (Hrsg.): Deutsch-Didaktik. Leitfaden für die Sekundarstufe I und II. Berlin: Cornelsen, 2008. S. 254–269

Literaturangaben für Sammelbände

Bremshey, Christian u. a. (Hrsg.): Den Fremden gibt es nicht. Xenologie und Erkenntnis. Münster: LitVerlag, 2002

Literaturangaben für Artikel aus Fachzeitschriften

Dalton, Rex: »Professors use web to catch students who plagiarize.« In: Nature 402 (1999). S. 222

Literaturangaben für Artikel aus Zeitungen

Berndt, Christina: »Hiebe für Hilflose. Pflegebedürftige leiden oft unter der Gewalt ihrer Angehörigen.« In: Süddeutsche Zeitung. 65. Jg. Nr. 19. 24. Januar 2009. S. 25

Literaturangaben für Internetquellen

(wie Quellenangaben für Beiträge aus dem Internet, vgl. S. 87).

Grundregeln

Das Literaturverzeichnis wird wie folgt gegliedert:
- *Primärliteratur* (Quellentexte: Romane, Dramen, Gedichte usw.),
- *Sekundärliteratur* (wissenschaftliche Literatur zum Thema),
- *Internetadressen*.

Zu beachten ist:
- alphabetische Ordnung nach Autoren- oder Herausgebernamen,
- durchgehend einheitliches System,
- Vollständigkeit.

v. Von der Materialsammlung zum Text

1. Text planen und schreiben

Schreiben hat einen Eigenwert in der wissenschaftlichen Arbeit. Darum muss der Schreibprozess geplant und zielbewusst gesteuert werden. Der subjektive Eindruck, man wüsste noch zu wenig, um mit dem Schreiben zu beginnen, verleitet oft dazu, die Niederschrift aufzuschieben. Andererseits sollte man auf keinen Fall auf der Basis unübersichtlicher und unstrukturierter Informationen mit dem Schreiben eines wissenschaftlichen Textes beginnen.

Vor Beginn der Niederschrift ist eine Schreibstrategie unentbehrlich. Man braucht einen Schreibplan als Grundgerüst der Gedankenstränge. In dem Schreibplan ist im Wesentlichen festzulegen, *welche Sachinformationen* man an *welcher Stelle* und in *welcher Reihenfolge* vermitteln möchte, um die Kapitel, Unterkapitel und Abschnitte folgerichtig aufzubauen. Dazu ist es erforderlich,

- inhaltlich zusammengehörige Blöcke zu bilden,
- Ober- und Unterpunkte zu finden,
- schlüssige Argumentationsstrukturen zu finden,
- jedem Gliederungspunkt passende Zitate/Paraphrasen zuzuordnen,
- Belege und Beispiele für Argumente bereitzuhalten,
- Wichtiges von Unwichtigem zu unterscheiden,
- inhaltliche Prioritäten zu definieren.

Die einzelnen Bestandteile der Arbeit müssen in einem bestimmten Ordnungssystem aufeinander abgestimmt sein und sich logisch entwickeln. Die Art ihrer Vernetzung sollte differenziert werden. Als Anregung können folgende Muster bei der Erstellung eines Ordnungssystems berücksichtigt werden:

– zunächst, dann, danach, schließlich,
– erstens, zweitens, drittens usw.,
– einerseits, andererseits,
– Gegenüberstellung usw.

Bei der schriftlichen Darstellung eigener und fremder Gedanken sollte man sich an den Schreibplan halten, d. h. sich nach der zurechtgelegten Argumentationsstruktur zu den einzelnen Aspekten der Arbeit schriftlich äußern. Im Laufe der Redaktion entsteht allerdings in der Regel kein druckreifer Text, sondern eine Rohfassung, die inhaltlich, formal und sprachlich einer weiteren Überarbeitung unterzogen werden muss (vgl. S. 128–131). Insofern sollte der Schreibplan für Verschiebungen flexibel gehandhabt werden. Wichtig ist, dass jeder aus dem Schreibplan aufgenommene Aspekt gedanklich möglichst zu Ende bearbeitet wird, bevor man sich einem weiteren Aspekt zuwendet.

Angesichts der einzuhaltenden Vorgaben zum Umfang der Fach- bzw. Seminararbeit ist es sehr wichtig, konzentriert und komprimiert zu schreiben. Dabei sollte man sich anfangs nicht bei einzelnen Formulierungen allzu lange aufhalten, denn der stilistische Feinschliff kommt erst zum Schluss.

> Der Schreibplan ist ein Merkmal disziplinierter Arbeits-
> weise. Als Ordnungssystem hilft er, den Schreibprozess
> in wohlüberlegter Struktur zu gestalten und die Gedan-
> ken Schritt für Schritt zu Papier zu bringen.

2. Wissenschaftlich formulieren

Sprache und Stil sind ausschlaggebend für das Verständnis wissenschaftlicher Texte. Die Gedanken so auszudrü-
cken, dass jeder sie verstehen kann, ist eine Aufgabe, die
zu meistern ist. Das gilt für literaturwissenschaftliche
ebenso wie für naturwissenschaftliche oder experimentelle Arbeiten.

a) Wissenschaftssprache vs. Alltagssprache

Wer eine wissenschaftliche Arbeit schreibt, muss die Un-
terschiede zwischen Alltagssprache und Wissenschaftssprache nicht nur kennen, sondern auch beachten. Nur so
kann es gelingen, die sprachlichen Anforderungen, die an
eine wissenschaftliche Arbeit gestellt werden, zu erfüllen.
Die folgende Gegenüberstellung veranschaulicht einige
grundlegende Unterscheidungstendenzen zwischen Alltagssprache und Wissenschaftssprache:

Merkmale der Alltags-sprache	Merkmale der Wissen-schaftssprache
Dialekt und Umgangssprache	Hochdeutsch / Fachsprache
Gedankensprünge	Strukturierte Gedankenfüh-rung / Argumentation
Emotionale Ausdrucksweise	Sachliche Ausdrucksweise
Implizite Ausdrucksweise	Explizite Ausdrucksweise
Füllwörter und Modalpartikeln	Idealerweise keine Füllwörter oder Modalpartikel
Unpräziser Wortgebrauch	Präzision beim Wortgebrauch / Fachsprache
Verbalstil	Nominalisierungen / Partizipialkonstruktionen und Funktionsverbgefüge
Tendenz zu Aktiv	Tendenz zu Passiv
Grammatische Fehler werden toleriert	Grammatische Fehler werden nicht toleriert
Wiederholungen	Vermeidung von Wieder-holungen
Einfacher Satzbau (Parataxen) / Satzbrüche	Komplexer Satzbau (Hypotaxen)
Wertungen	Neutrale / sachliche Ausdrucksweise

Darst. 8: Alltagssprache vs. Wissenschaftssprache
(in Anlehnung an Lieberknecht/May 2019, S. 16)

b) Verständlich schreiben

Dass sich Wissenschaftler bei ihrer Arbeit häufig mit komplexen Sachverhalten auseinandersetzen, ist unbestritten. Daraus jedoch abzuleiten, dass sich die Kommunikation wissenschaftlicher Ergebnisse einer verschraubten Sprache und einer verschachtelten Syntax bedienen müsse, ist ein häufiger Irrtum, den es beim Verfassen einer wissenschaftlichen Arbeit unbedingt zu vermeiden gilt. Nicht sprachliche Komplexität per se, sondern *Verständlichkeit* und *Präzision* zeichnen die sprachliche Qualität eines wissenschaftlichen Textes aus. Die Kriterien für die Verständlichkeit eines (wissenschaftlichen) Textes wurden durch die Psychologen Langer, Schulz von Thun und Tausch herausgearbeitet.[14] Das als »Hamburger Verständlichkeitskonzept« genannte Modell benennt u. a. folgende Kriterien:

Einfachheit
»Einfachheit bezieht sich auf die Wortwahl und den Satzbau, also auf die sprachliche Formulierung: geläufige, anschauliche Wörter sind zu kurzen, einfachen Sätzen zusammengefügt. Treten schwierige Wörter auf (Fremdwörter, Fachausdrücke), so werden diese erklärt. Dabei kann der dargestellte Sachverhalt selbst einfach oder schwierig sein – es geht um die Art der Darstellung«.[15]

---

14 Langer, Inghard / Schulz von Thun, Friedemann / Tausch, Reinhard: Sich verständlich ausdrücken. 2., völlig neubearb. Aufl. München/Basel: Reinhardt, 1981.
15 Ebd., S. 14.

Gliederung/Ordnung

»*Innere Ordnung:* Die Sätze stehen nicht beziehungslos nebeneinander, sondern sind folgerichtig aufeinander bezogen. Die Informationen werden in sinnvoller Reihenfolge dargeboten.

Äußere Ordnung: Der Aufbau des Textes wird sichtbar gemacht. Zusammengehörige Teile sind übersichtlich gruppiert, z. B. durch überschriftete Absätze [...], Hervorhebungen und Zusammenfassungen.«[16]

Kürze/Prägnanz

»Steht die Länge des Textes in einem angemessenen Verhältnis zum Informationsziel? Eine knappe, gedrängte Ausdrucksweise bildet das eine Extrem, eine ausführliche, weitschweifige das andere. Solche Weitschweifigkeit beruht z. B. auf: Darstellung unnötiger Einzelheiten, überflüssigen Erläuterungen, breitem Ausholen, Abschweifen vom Thema, umständlicher Ausdrucksweise, Wiederholungen, Füllwörtern und leeren Phrasen.«[17]

c) Fachsprache gezielt einsetzen

Die sprachliche Gestaltung wissenschaftlicher Arbeiten hängt vom Fach und vom Thema ab. Notwendig ist deshalb, sich die Fachsprache anzueignen, um das Fachthema mit den richtigen Ausdrücken zu erfassen. Mit dem Fachjargon muss man jedoch sparsam umgehen und auf seine

16 Ebd., S. 15 f.
17 Ebd., S. 17. Das Hamburger Verständlichkeitskonzept bietet darüber hinaus noch weitere Kriterien, die allerdings nicht auf das Verfassen wissenschaftlicher Arbeiten anzuwenden sind.

Zweckmäßigkeit achten. Die gewählte Sprachform muss reflektiert, sachlich und neutral bleiben. Sprachnormen der Grammatik sind strikt einzuhalten. Wichtige Begriffe müssen stets definiert werden.

d) Verbalstil und Nominalstil

Der Schreibstil soll die Lektüre und das Verständnis erleichtern. Dazu trägt die logische Anordnung der Inhalte in einfachen, kurzen und klaren Sätzen bei, wobei allerdings auf argumentative Kohärenz geachtet werden muss (s. folgenden Abschnitt). Im Fließtext ist der Verbalstil dem Nominalstil vorzuziehen. Bei der Formulierung von Kapitelüberschriften (z. B. im Inhaltsverzeichnis und im Text) ist der Nominalstil dem Verbalstil vorzuziehen, denn Überschriften müssen kurz und prägnant sein.

Hauptgedanken müssen in Hauptsätzen ausgedrückt werden. Sie dürfen nicht in Nebensätzen versteckt werden.

e) Textkohärenz – wie der rote Faden entsteht

Kohärenz ist eines der zentralen Kriterien für Textualität. Gemeint ist die Wahrnehmung eines Texts als eines durchgehenden Sinnzusammenhangs. Fehlt ein solcher Sinnzusammenhang, spricht man von einem inkohärenten Text. Ein solcher Text ist für den Leser kaum nachvollziehbar, weil die innere Logik nicht erkennbar ist. Mit Hilfe des roten Fadens kann sich der Leser im Textlabyrinth besser orientieren. Die Metapher des »roten Faden« lässt sich auf drei aufeinander aufbauenden Textebenen realisieren:

- *Sprachliche Ebene:* Angemessene Verwendung von Konnektoren (Verbindungswörtern) zur Herstellung der Text- und Argumentationslogik.
- *Inhaltlich-thematische Ebene:* Dem Text liegt eine einheitliche Gesamtidee zugrunde (z. B. Fragestellung oder Problemstellung).
- *Gliederungsebene:* Der Text weist einleitende, überleitende, verweisende und zusammenfassende Textabschnitte auf.

Spätestens bei der Endkorrektur sollte sichergestellt werden, dass diese drei Ebenen im Text erkennbar und stimmig sind.

Mit Hilfe folgender Konnektoren lässt sich die Textkohärenz sprachlich herstellen:

Fachbegriff	Konnektoren / Verbindungs- wörter (Auswahl)	Funktion im Text
Kausale Konnektoren (*Warum?*)	weil, da, denn, zumal, deshalb, deswegen, darum, weshalb	drücken einen Grund aus
Konditionale Konnektoren (*Unter welcher Bedingung?*)	falls, wenn, sofern, andernfalls, dann	drücken eine Bedingung aus

Adversative Konnektoren (*Im Gegensatz wozu?*)	sondern, doch, jedoch, dagegen, indessen, einerseits ... andererseits, zum einen ... zum anderen	drücken einen Gegensatz aus
Kopulative Konnektoren (*Was noch?*)	und, sowie, sowohl ... als auch, nicht nur ... sondern auch, ferner, zudem, außerdem	drücken eine Beiordnung aus
Temporale Konnektoren (*Wann?*)	nachdem, eher, während, sobald, danach, zuvor, darauf, früher, schließlich	drücken Zeitverhältnisse aus
Komparative Konnektoren (*Im Vergleich wozu?*)	als ob, wie wenn, ebenso, ähnlich, ganz anders	drücken den Vergleich aus
Alternative Konnektoren (*Welche Alternative?*)	entweder ... oder, anstatt dass, anstatt zu, stattdessen	drücken eine Wahlmöglichkeit bzw. eine Alternative aus
Modale/instrumentale Konnektoren (*Wie? Womit?*)	indem, ohne dass, so, dabei	drücken eine Art und Weise aus
Konsekutive Konnektoren (*Mit welcher Folge?*)	so dass, dermaßen, dass, somit, darum, also, folglich, demzufolge	drücken eine Folge aus

Finale Konnektoren (*Wozu? Mit welchem Ziel?*)	damit, um … zu, dass, deshalb, deswegen	drücken den Zweck aus
Konzessive Konnektoren (*Trotz welcher Tatsache?*)	obwohl, obgleich, trotzdem, immerhin, dennoch	drücken eine Gegenerwartung aus

Darst. 9: Konnektoren und ihre Funktion

f) Umgang mit den Pronomen »ich«, »man« und »wir«

Ein grundsätzliches »ich«-, »man«-, oder »wir«-Verbot gibt es zwar nicht, gleichwohl wird häufig empfohlen, diese Ausdrücke in wissenschaftlichen Arbeiten zu vermeiden. Als Hauptgrund wird angeführt, dass der Fokus einer wissenschaftlichen Arbeit auf dem Inhalt bzw. den Ergebnissen und nicht auf der Person des Verfassers liege. Daher gelten Formulierungen wie »Im Folgenden werde ich XY analysieren« als ›unwissenschaftlich‹ (besser: »Im Folgenden wird XY analysiert«). Das Personalpronomen »man« in Sätzen wie »Man kann dieses Konzept nicht uneingeschränkt auf … anwenden«, wird als ›ungenau‹ abgelehnt, denn die Frage stellt sich: Wer ist »man«? Das Personalpronomen »wir«, das früher als Pluralis Majestatis verwendet wurde (z. B. »Wir kommen zu dem Schluss, dass …«), wirkt heute altertümlich. Die Wir-Form ist nur in einer kollektiven Arbeit (mehrere Verfasser) begründet.

Allerdings gibt es ein paar Ausnahmen: Für die Bekräftigung der eigenen Position oder die Formulierung von

Danksagungen ist die Ich-Form zulässig. Ihre Verwendung ist jedoch auf das Minimum zu reduzieren. Wertungen jeder Art sind stets im sachlichen Ton vorzubringen und müssen immer sachlich begründet werden.

In jedem Fall empfiehlt es sich, sich an den Vorgaben Ihrer betreuenden Lehrkraft bzw. der Fakultät oder des Fachbereichs zu orientieren, und die konkrete Handhabung mit dem Betreuenden der Arbeit abzuklären.

Strategien der Ich-Man-Wir-Vermeidung

Als Alternativen zu den Pronomina »ich«, »man« und »wir« eignen sich in der Regel Passivsätze oder Formulierungen mit »lassen sich« plus Infinitiv:

Statt ...	... formulieren Sie besser
In meiner Arbeit befasse ich mich mit ...	Die vorliegende Arbeit befasst sich mit ...
In Kapitel 3 beschreibe ich die Auswirkungen des Klimawandels.	Kapitel 3 beschreibt die Auswirkungen des Klimawandels / In Kapitel 3 werden die Auswirkungen des Klimawandels beschrieben.
In meiner Arbeit interessiere ich mich vor allem für die Ursachen des Klimawandels	Das besondere Interesse der vorliegenden Arbeit gilt den Ursachen des Klimawandels
Im Schlusskapitel fasse ich die Ergebnisse zusammen.	Das Schlusskapitel fasst die Ergebnisse zusammen.
Man kann die Literaturgeschichte in verschiedene Epochen einteilen	Die Literaturgeschichte lässt sich in verschiedene Epochen einteilen.

Man kann sehen, dass diese Theorie überholt ist.	Es zeigt sich, dass diese Theorie überholt ist. Diese Theorie ist offensichtlich überholt.
Wir können festhalten, dass ...	Festzuhalten ist, dass ...
In der vorliegenden Arbeit untersuche ich die Theorie des Dramas.	In der vorliegenden Arbeit wird die Theorie des Dramas untersucht.
Man kann diese Theorie nicht auf XY übertragen.	Diese Theorie lässt sich nicht auf XY übertragen. Diese Theorie ist nicht auf XY übertragbar.

Darst. 10: Formulierungshilfen für die Ich-Man-Wir-Vermeidung

g) Sachlich formulieren

Argumentatives und sachlich-distanziertes Schreiben ist ein weiteres wichtiges Merkmal wissenschaftlichen Stils. Daher sind folgende Mängel zu vermeiden oder zu beseitigen:

- Modewörter,
- Phrasen und Sprachklischees,
- Umgangssprache und vulgäre Wörter,
- schmückende/wertende Adjektive,
- Anhäufung von Fremdwörtern,
- zu viele Substantivierungen,
- Monotonie (gleiche Satzanfänge),
- Unsachlichkeit (Witz, Ironie, Polemik),
- Wiederholungen von Wörtern und Satzarten.

h) Wissenschaftssprachliche Standardformulierungen

Die Wissenschaftssprache verfügt über Standardformulierungen oder Formulierungsmuster, die dazu dienen, bestimmte Arbeitsschritte sprachlich angemessen anzukündigen oder vorzustellen. Die folgende Darstellung beschränkt sich aus Platzgründen auf eine kleine Auswahl:

Das Thema der Arbeit formulieren

- Thema der vorliegenden Arbeit ist ...
- Die vorliegende Arbeit befasst sich mit ...
- Gegenstand der vorliegenden Arbeit/Untersuchung ist ...
- Die vorliegende Untersuchung/Arbeit greift das Thema ... auf
- Behandelt wird in der vorliegenden Arbeit ...
- Die vorliegende Arbeit widmet sich ...

Die Fragestellung formulieren

- Eine Frage aufwerfen
- Sich mit der Frage befassen
- Sich einer Frage widmen
- Einer Frage nachgehen
- Eine Frage diskutieren
- Eine Frage klären

Das Ziel der Arbeit formulieren

- Ziel der vorliegenden Arbeit/Untersuchung ist es, ...
- Die vorliegende Arbeit/Untersuchung verfolgt das Ziel ...

- Mit der vorliegenden Arbeit soll xy ... untersucht/analysiert/verglichen ... werden
- Die vorliegende Arbeit verfolgt zwei Ziele, erstens ... zweitens ...
- Der Schwerpunkt der vorliegenden Arbeit/Untersuchung liegt auf ...
- Mit der vorliegenden Arbeit/Untersuchung soll die Frage geklärt werden, ob/inwiefern ...
- Die vorliegende Arbeit/Untersuchung widmet sich der Frage ...

Die Forschungslücke benennen
- In der bisherigen Forschung lag der Schwerpunkt auf ..., wenig beachtet wurde dabei ...
- In der Fachliteratur wird die Frage kontrovers diskutiert, ob ...
- In der Fachliteratur herrscht Uneinigkeit über / darüber, ob ...
- Der Widerspruch zwischen X und Y konnte bisher noch nicht gelöst werden ...
- In der bisherigen Forschung konnte die Frage noch nicht beantwortet werden, ob ...
- Die bisherige Forschung beschränkte sich auf ...
- Ein Defizit der bisherigen Forschung liegt in ...
- Die bisherigen Ergebnisse sind unbefriedigend, da ...
- Bisher existieren keine Studien über ...
- Die bisherigen Studien liefern noch keine Antwort auf die Frage ...

Den Aufbau der Arbeit beschreiben

- Die vorliegende Arbeit gliedert sich in ... Kapitel
- Die vorliegende Arbeit besteht aus ... Kapiteln
- Kapitel X
- ... untersucht
- ... fragt nach
- ... befasst sich mit
- ... setzt sich mit ... auseinander
- ... fasst zusammen
- In Kapitel X wird ...

Fazit und Schlussfolgerung formulieren

- Abschließend lässt sich festhalten, dass ...
- Festzuhalten ist, dass ...
- Als Fazit kann man festhalten, dass ...
- Zusammenfassend kann festgehalten werden, dass ...
- Aus den bisherigen Ausführungen / Aus der bisherigen Analyse ergibt sich, dass ...
- Berücksichtigt man die bisherige Analyse, so kommt man zu dem Ergebnis/Schluss, dass ...
- ... legt den Schluss nahe, dass ...
- ... führt zu der Schlussfolgerung, dass ...
- ... lässt den Schluss zu, dass ...

Begriffsdefinitionen formulieren

- Unter dem Begriff ... wird in dieser Arbeit ... verstanden
- Der Begriff ... bezieht sich auf ...
- Der Begriff ... wird in der vorliegenden Arbeit im Sinne von ... verwendet
- In Anlehnung an ... wird der Begriff ... als ... definiert

Kritik formulieren

a) Zustimmung formulieren:
- Eine Position/Meinung für zutreffend halten
- Eine Einschätzung teilen
- Überzeugend ist ...
- Sich einem Ansatz / einer Position / Meinung anschließen
- Einer Einschätzung zustimmen
- Einer Auffassung folgen
- Eine Analyse bestätigen
- Die Ergebnisse bestätigen/untermauern

b) Widerlegung formulieren:
- Gegen ... ist einzuwenden, dass ...
- Dagegen lässt sich einwenden, dass ...
- Andererseits muss man berücksichtigen, dass ...
- Dagegen spricht die Erkenntnis/Beobachtung, dass ...
- Widerlegt werden diese Argumente durch ...

c) Fremde Aussagen relativieren
- Diese Aussage muss eingeschränkt werden, denn/wenn ...
- Zweifellos ... aber/allerdings ...
- Dieses Konzept ist nur unter der Voraussetzung anwendbar, dass ...
- Die These, dass ... ist nur eingeschränkt gültig, denn/da/weil ...
- Das Problem dieses Ansatzes besteht darin, dass ...
- Was unklar bleibt, ist ...
- Es lässt sich auch argumentieren, dass ...
- Es fragt sich, ob der Verfasser bedacht hat, dass ...

Forschungsergebnisse darstellen

– Die vorliegende Arbeit/Untersuchung …
   … kommt zu dem Schluss, dass …
   … hat gezeigt / zeigt, dass …
   … lässt erkennen, dass …
   … macht deutlich, dass …
   … führt vor Augen, dass …
   … belegt, dass …

Querverweise formulieren

– Auf diese Frage / diesen Aspekt wird in Kapitel XY genauer eingegangen
– Wie Tabelle XY zeigt …
– In Kapitel XY wurde … untersucht
– Kapitel XY wird diesen Aspekt genauer beleuchten
– Wie später / in Kapitel XY zu diskutieren sein wird

Verben des Referierens

In Ihren ersten wissenschaftlichen Arbeiten (Facharbeit, Seminararbeit, Bachelorarbeit, Masterarbeit) müssen Sie u. a. zeigen, dass Sie in der Lage sind, die Fachliteratur zu referieren, d. h. die Aussagen, Meinungen, Positionen verschiedener Autoren in Ihrer Arbeit wiederzugeben. Hilfreich sind dabei folgende Verben des Referierens:

Diskursive Handlungen	behaupten
	postulieren
	widersprechen
	widerlegen
	auf jemanden verweisen
	berichten
	These aufstellen
	erwähnen
	die Meinung vertreten
	sich auf … beziehen
Wissenskonstruktion	vermuten
	begründen
	die Hypothese aufstellen
	ein Modell bilden/entwickeln
	darstellen
	konzipieren
	von einer Frage ausgehen
Forschungshandlungen	erforschen
	herausfinden
	entdecken
	prüfen
	vergleichen
	belegen
	zeigen
	demonstrieren

Darst. 11: Verben des Referierens (in Anlehnung an: Kruse 2018, S. 163)

Wissenschaftliche Schreibhandlungen referieren
XY knüpft an etwas an
   … deutet an
   … gibt Aufschluss über

... kommentiert, erörtert

... zeigt ... auf

... gibt ein Beispiel

...beruft sich auf

... veranschaulicht

...gibt einen Überblick über

...gibt Einblick in

...verdeutlicht

... führt in ... ein

i) Gendergerecht formulieren

Diskriminierender Sprachgebrauch entspricht nicht den Standards guten wissenschaftlichen Arbeitens und muss daher unbedingt vermieden werden. Dies gilt insbesondere auch für den Umgang mit den Geschlechtern. Das früher häufig benutzte generische Maskulinum, d. h. der Gebrauch der männlichen Form bei Gruppenbezeichnungen (z. B. »die Dozenten«, »die Professoren«, »die Lehrer«), wobei die weiblichen Personen nur mitgemeint waren, ist daher nicht mehr zeitgemäß. Zu beachten ist folgerichtig die Forderung, die Geschlechtervielfalt auch in wissenschaftlichen Texten sprachlich gleichermaßen abzubilden bzw. sichtbar zu machen. Folgende Möglichkeiten gibt es, männliche, weibliche und diverse Bezugspersonen gleichermaßen zu berücksichtigen:

a) Doppelnennung: Wissenschaftlerinnen und Wissenschaftler

b) Partizipform und Adjektive: Lehrende, Studierende, Geflüchtete

c) Genderneutrale Oberbegriffe: Seminarleitung (statt: Seminarleiter), Lehrkräfte (statt: Lehrer)
d) Binnen-I: StudentInnen, ProfessorInnen
e) Passiv: Der Kurs wird von N. N. geleitet (statt: Der Kursleiter ist …)
f) Relativsätze: Alle, die an der Umfrage teilgenommen haben (statt: alle Teilnehmer der Umfrage)

3. Formaler Aufbau einer wissenschaftlichen Arbeit

Der Aufbau einer wissenschaftlichen Arbeit (Fach-, Seminar-, Bachelor- oder Masterarbeit) ist, was die Form bzw. die äußeren Bestandteile anbelangt, festgelegt. Die verbindliche Anordnung der Bestandteile sieht so aus:

1. Titelblatt,
2. Vorwort (nur bei einer Abschlussarbeit),
3. Inhaltsverzeichnis,
4. (ggf. Verzeichnis der Darstellungen),
5. Einleitung,
6. Hauptteil,
7. Schlusskapitel,
8. Literaturverzeichnis,
9. (ggf. Anhang),
10. (eidesstattliche) Erklärung.

Diese Bestandteile geben nicht nur den Inhalten eine bestimmte Form, sie erfüllen auch jeweils eine ganz bestimmte Funktion innerhalb der wissenschaftlichen Arbeit.

a) Titelblatt

Für die optische Gestaltung des Titelblattes, auch Deckblatt oder Titelseite genannt, gibt es häufig vorgeschriebene Formblätter. Liegt kein Musterformular vor, so sollte man sich in Absprache mit den Betreuenden an folgenden Mindestangaben orientieren, die auf jedes Titelblatt einer Fach- oder Seminararbeit gehören:

– Name und Vorname des Verfassers,
– Titel (ggf. Untertitel) der Arbeit,
– Art der Arbeit (Facharbeit oder Seminararbeit),
– Titel des Seminars
– Name und Vorname der Betreuenden,
– Bezeichnung der Institution (Schule),
– Ort,
– Termin der Einreichung.

Angaben zum Deckblatt müssen vollständig und fehlerfrei sein. Der Titel der Arbeit sollte zentriert stehen.

b) Inhaltsverzeichnis

Aufgabe des Inhaltsverzeichnisses ist es, einen systematischen Überblick über den Inhalt der Arbeit zu geben. An der Anordnung der Kapitel und Unterkapitel wird die Strukturierung des Themas ersichtlich.

Optisch muss ein Inhaltsverzeichnis alle Gliederungspunkte (inklusive Anhang) erfassen. Dadurch wird der Gesamtaufbau der Arbeit auf den ersten Blick sichtbar. Die Position einzelner Kapitel und Unterkapitel wird durch

Seitenzahlen exakt angegeben. Zwingend ist zudem, dass alle Überschriften im Inhaltsverzeichnis mit den Überschriften im Fließtext wörtlich übereinstimmen. Das Inhaltsverzeichnis steht direkt hinter dem Titelblatt.

Das Inhaltsverzeichnis muss eine klare und durchdachte Gliederungslogik und Struktur erkennen lassen. Kapitelüberschriften sollten eine komprimierte Aussage zum jeweiligen Inhalt liefern.

Welches Gliederungssystem man auch wählt, entscheidend ist, dass die Arbeit logisch gegliedert ist. Zwei Beispiele:

Inhaltsverzeichnis

1. Einleitung
2. Kapitelüberschrift
2.1 Abschnittstitel
2.1.1 Unterabschnittstitel
2.1.2 Unterabschnittstitel
2.1.3 Unterabschnittstitel
2.2. Abschnittstitel
2.2.1 Unterabschnittstitel
2.2.2 Unterabschnittstitel
3. Kapitelüberschrift
(...)
4. Zusammenfassung
5. Literaturverzeichnis

Inhaltsverzeichnis

I. Kapitelüberschrift
1. Abschnittstitel
   a) Unterabschnittstitel

      b) Unterabschnittstitel
2.   Abschnittstitel
      a) Unterabschnittstitel
      b) Unterabschnittstitel
II.   Kapitelüberschrift
(...)

Grundregel: Es gehört zu den Grundprinzipien der Gliederung, dass jede Untergliederung aus mindestens zwei Unterpunkten bestehen muss. Von einem zu detaillierten Inhaltsverzeichnis ist abzuraten.

Schon aus der Gestaltung des Inhaltsverzeichnisses muss die Proportion zwischen den einzelnen Kapiteln und Unterkapiteln ersichtlich werden. Ausnahmen bilden die Einleitung und das Schlusskapitel, die vom Umfang her kürzer ausfallen müssen. Für eine Seminararbeit im Umfang von 10 bis 15 Seiten darf das Inhaltsverzeichnis eine DIN-A4-Seite nicht überschreiten.

Gliederungslogik
Mit der Gliederung wird die systematische Ordnung festgelegt, nach der die Fragestellung der Arbeit behandelt wird. Deshalb sollte jede Gliederung das logische Prinzip erkennen lassen, nach dem sie aufgebaut ist (Gliederungslogik). Folgende Muster sind üblich:

– vom Allgemeinen zum Speziellen,
– vom Speziellen zum Allgemeinen,
– chronologisch.

Tipp: Mit Hilfe eines Textverarbeitungsprogramms lässt sich ein Inhaltverzeichnis einfach erstellen, das den ästhetischen Ansprüchen der Fach- oder Seminararbeit am besten entspricht. Man kann den Überschriften Formatvorlagen (*Überschrift 1* bis *Überschrift 3*) zuweisen. Das Inhaltsverzeichnis kann dann z. B. in Word an der Cursorposition über das Menü *Referenzen* ➤ *Inhaltsverzeichnis* automatisch erzeugt werden. Über das Menü *Referenzen* ➤ *Inhaltsverzeichnis* ➤ *Benutzerdefiniertes Inhaltsverzeichnis* lässt es sich optisch ändern.

c) Verzeichnis der Darstellungen

Verwendet man Darstellungen (Abbildungen, Tabellen, Diagramme, Fotos u. Ä.) in der Arbeit, so muss man hinter dem Inhaltsverzeichnis ein entsprechendes Verzeichnis anlegen. Eine Trennung von Abbildungsverzeichnis und Tabellenverzeichnis usw. ist nicht notwendig, wenn man den Oberbegriff »Verzeichnis der Darstellungen« verwendet. In diesem Fall wird alles, was in diesem Verzeichnis Aufnahme findet, als Darstellung (Abkürzung: Darst.) bezeichnet.

Tipp: Werden in Word die Darstellungen über das Menü *Referenzen* ➤ *Beschriftungen einfügen* eingefügt, so kann dieses Verzeichnis abschließend an der jeweiligen Cursorposition automatisch aufgebaut werden.

d) Vorwort

Das Vorwort ist kein Pflichtteil einer wissenschaftlichen Arbeit. Es hat sich aber gerade bei (größeren) Abschlussarbeiten eingebürgert, dass sich der Verfasser des Vorworts bedient, um Persönliches im Umfeld der Arbeit zum Ausdruck zu bringen. Informationen über besondere Schwierigkeiten bei der Bearbeitung des Themas und vor allem Dank für Anregungen bzw. Unterstützung bei der Entstehung und Fertigstellung der Arbeit finden im Vorwort ihren Platz.

e) Einleitung

Die Einleitung nimmt in der wissenschaftlichen Arbeit eine Schlüsselstellung ein. Durch sie werden die Lesenden in die Arbeit eingeführt. Dabei ist zu bedenken, dass der diese mit der Materie nicht so vertraut sind wie Sie. Hier soll plausibel erläutert werden, warum die Arbeit gelesen werden soll. Je klarer das Problem in der Einleitung dargestellt ist, desto schneller leuchten die Relevanz und die Logik der Arbeit ein. Zu diesem Zweck muss die Einleitung Auskunft geben über:

- Fragestellung,
- Eingrenzung des Themas,
- Formulierung des Ziels,
- themabezogene Definitionen,
- methodische Vorgehensweise,
- Darlegung des Aufbaus der Arbeit.

In der Einleitung dürfen Argumente, die im Hauptteil entfaltet werden, nicht vorweggenommen werden. Man verfasst die Einleitung möglichst erst nach Fertigstellung der Arbeit.

f) Hauptteil

Im Anschluss an die Einleitung wird die eigentliche Fragestellung im Hauptteil bearbeitet. Der Hauptteil bildet sowohl vom Umfang her als auch von der gedanklichen Führung das Herzstück der wissenschaftlichen Arbeit.

Die einzelnen Schritte zur Problemlösung werden entsprechend der formalen Aufteilung in Kapitel, Unterkapitel und Abschnitte sukzessive abgearbeitet. In den Abschnitten wird die Gedankenabfolge strukturiert. Dabei ist es wichtig, dass zum einen der Bezug zur Theorie erkennbar ist und zum anderen die Gedankenfolge am »roten Faden« entlang auf das Ziel hin entwickelt wird. Aus diesem Grund müssen die einzelnen Teile oder Aspekte des Hauptteils durch fließende Überleitungen sinnvoll miteinander verknüpft werden. Hierbei muss man allerdings darauf achten, dass sich die Abfolge der Kapitel nicht in einer reinen Aufzählung von Informationen erschöpft.[18]

Eines der wichtigsten Merkmale des Hauptteils einer wissenschaftlichen Arbeit ist sein *argumentativer* und *zusammenhängender* Charakter. Da die inhaltliche Auseinandersetzung sowohl mit dem Thema als auch mit anderen Positionen zu dem behandelten Thema hier stattfindet, muss der Hauptteil auf einer zusammenhängenden Argu-

18 Vgl. Theisen, Manuel René: Wissenschaftliches Arbeiten. S. 133.

mentation mit verweisenden Relationen basieren. Selbstverständlich müssen die Argumente begründet und stichhaltig belegt werden.

Nicht zuletzt ist beim *formalen* Aufbau des Hauptteils darauf zu achten, dass die Informationsmenge zwischen den einzelnen Kapiteln, Unterkapiteln oder Abschnitten ausgewogen verteilt wird, damit keine asymmetrische Gewichtung entsteht. In der Übersicht muss die Gedankenführung im Hauptteil folgende Kriterien erfüllen:

- durchgängige und stichhaltige Argumentation,
- keine Brüche oder Gedankensprünge,
- Untergliederung der Inhalte,
- »roter Faden«, d. h. beim Thema bleiben,
- Einbindung der Sekundärliteratur,
- logische Verknüpfungen zwischen den einzelnen Abschnitten,
- aussagekräftige Belege.

Im Hauptteil wird die Fragestellung unter Zuhilfenahme der aktuellen Forschungsliteratur in methodisch abgesicherter Form zielorientiert bearbeitet. Es ist hilfreich, die erarbeiteten Teilergebnisse jedes Kapitels oder Unterkapitels kurz zusammenzufassen und ihre Relevanz für den weiteren Fortgang der Arbeit hervorzuheben. So behält man den roten Faden im Auge.

g) Schlusskapitel

Das Schlusskapitel ist ein wichtiger Bestandteil der wissenschaftlichen Arbeit. Formal ist es der Ort, wo die gesamte

Untersuchung gedanklich abgerundet wird. Diese Abrundung muss allerdings in einem systematischen Überblick erfolgen. Das Schlusskapitel erfüllt seine Funktion, wenn der Leser mindestens informiert ist über:

– wichtigste Ergebnisse der Arbeit in der Zusammenfassung,
– Bewertung und Einordnung der Ergebnisse in einen wissenschaftlichen Kontext,
– Bezug zur Einleitung (Eingangshypothese),
– Schlussfolgerung(en),
– kritische Würdigung der Ergebnisse und der Vorgehensweise (Reflexion der Methode),
– Bedeutung der Ergebnisse für die Wissenschaft,
– Hinweis auf offene Fragen (Ausblick).

h) Literaturverzeichnis

Das Literaturverzeichnis (engl.: *works cited*, frz.: *ouvrages cités*) gehört zur Grundausstattung jeder wissenschaftlichen Arbeit. Es steht am Ende der Arbeit (im Anschluss an das Schlusskapitel) und enthält *alle* Werke, auf die man sich im Laufe der Arbeit direkt (durch wörtliches Zitat) oder indirekt (durch Verweis, Paraphrase) bezogen hat. Das Aufblähen des Literaturverzeichnisses mit Werken, die man nicht gelesen hat, ist Betrug. Maßgebend für das Literaturverzeichnis sind *Repräsentativität*, *Vollständigkeit* und *Einheitlichkeit*. Es empfiehlt sich eine Untergliederung in Primärliteratur und Sekundärliteratur.

Zur *Primärliteratur* zählen z. B. alle Werke des Autors, über den man die Arbeit schreibt. Wenn man etwa über einen Roman von Günter Grass die Fach- bzw. Seminararbeit schreibt, sind alle anderen Werke von Grass als Primärliteratur anzuführen, falls man sich auf sie bezieht.

Als *Sekundärliteratur* anzuführen sind dann Schriften, die von Grass oder seinen Werken handeln (Forschungsliteratur).

Eine alphabetische Anordnung des Literaturverzeichnisses ist Vorschrift. Das Literaturverzeichnis wird nicht durchnummeriert.

i) Anhang

Der Anhang bietet Platz für das Material, das im Rahmen einer praktischen oder experimentellen Arbeit gesammelt und analysiert wurde (wissenschaftliche Experimente, Datenübersichten, Laborbücher, Herbarien, Fragebögen bei Interviews, Tabellen, Abbildungen usw.), das jedoch nicht in den Haupttext einfließen kann. Der Übersicht halber ist es besser, wenn der Anhang geordnet wird. Dabei sollte man alles weglassen, was den Umfang unnötig aufbläht.

j) Eidesstattliche Erklärung

In den Prüfungsordnungen wird eine eidesstattliche Erklärung über das selbständige Verfassen der Fach- oder Seminararbeit verlangt. Die Erklärung ist eine *Verpflichtung zur Wahrheit* als der wichtigsten Maxime der wissenschaftlichen Arbeit. Sie wird eigenhändig unterschrieben und der Fach- oder Seminararbeit als Beiblatt beigefügt bzw. beigeheftet, darf jedoch nicht mitgezählt werden.

Falls kein mit dem entsprechenden Text versehener Vordruck vorliegt, kann folgender Beispieltext übernommen werden:

Hiermit erkläre ich an Eides statt, dass ich die vorliegende Arbeit selbständig verfasst und keine anderen als die angegebenen Quellen und Hilfsmittel benutzt habe. Alle Stellen meiner Arbeit, die dem Wortlaut oder dem Sinn nach anderen Werken entnommen sind, habe ich in jedem Fall unter Angabe der Quelle als Entlehnung kenntlich gemacht. Die vorliegende Arbeit hat in dieser oder einer ähnlichen Form noch keiner anderen Prüfungsbehörde vorgelegen.

Ort, Datum   Unterschrift

4. Plagiat

Plagiat bedeutet, dass man mit fremdem Gedankengut so umgeht, als ob es eigenes wäre. Doch ›sich mit fremden Federn zu schmücken‹, ist nicht nur moralisch, sondern auch wissenschaftlich eine unredliche Verhaltensweise. Leider haben manche Leute keinerlei Wahrnehmung für diese Art von Delikt. Deshalb sollte jeder und jedem zu Beginn des wissenschaftlichen Bildungswegs klar sein: Jede wissenschaftliche Arbeit muss eine eigenständige Leistung darstellen. Darin begründet sich der Anspruch auf Autorschaft. Bei Abschlussarbeiten wird dies mit der eidesstattlichen Erklärung unterstrichen.

Arbeiten und Ideen anderer ganz oder teilweise zu übernehmen bzw. abzuschreiben, ohne Autorinnen und Autoren sowie den Fundort nach wissenschaftlichen Vorgaben (korrekte Zitierweise) zu nennen, ist Ideendiebstahl, was eine schwerwiegende Form des wissenschaftlichen Betrugs darstellt. Plagiat ist also mit Täuschung und Diebstahl gleichzusetzen.

Stilbrüche, die oft mit Plagiat einhergehen, fallen leicht auf. Außerdem lässt sich mit Hilfe spezieller Software-Programme gerade das Abschreiben von Texten im Internet effektiv aufspüren. Jedes Plagiat wird mit empfindlichen Konsequenzen, von der Ablehnung der Fach- bzw. Seminararbeit (in der Schule) bis hin zur Exmatrikulation (bei Studierenden), geahndet.[19] Schon allein deshalb lohnt es sich, eigene Gedanken zu entwickeln und die Arbeit selbst zu schreiben.

> Jede Verwendung eines fremden Gedankengutes muss durch die exakte Quellenangabe kenntlich gemacht werden.

5. Schreibblockaden überwinden

Gerät meine Arbeit ins Stocken? Fällt mir nichts mehr ein? Kann ich keine Strategie mehr in meinem Vorhaben erkennen oder komme ich an einer bestimmten Stelle einfach nicht mehr weiter? Diese und ähnliche Fragen drücken Formen von Schreibstörungen aus, mit denen man im Prozess wissenschaftlichen Arbeitens gelegentlich konfrontiert wird. Sie werden allerdings oft unter dem Begriff »Schreibblockade« dramatisiert. Viele neigen in dieser Situation zur

19 Vgl. Theisen, Manuel René: Wissenschaftliches Arbeiten. S. 242.

Verzweiflung, Panik oder Frustration. Man sollte vermeiden, sofort an seinen persönlichen Schreibfähigkeiten zu zweifeln oder automatisch den Weg zur psychologischen Beratung zu suchen.

Oft können auch einfache Maßnahmen helfen, das Vertrauen in die eigenen Fähigkeiten zurückzugewinnen, um wieder durchzustarten:

- eine kreative Pause einlegen (Sport treiben, sich ablenken),
- die chronologisch-lineare Arbeitsweise aufheben, d. h. mit einem anderen Teil der Arbeit fortfahren,
- den/die Betreuenden aufsuchen und gemeinsam Lösungswege suchen,
- Fehlentscheidungen suchen und schnell korrigieren,
- als letzter Ausweg: Das Thema wechseln. Dieser Schritt dürfte allerdings nur dann erwogen werden, wenn alle Möglichkeiten ausgeschöpft sind und für die Bearbeitung eines völlig neuen Themas noch genügend Zeit bleibt. Beim Wechsel des Themas wird keine zusätzliche Bearbeitungszeit gewährt.

VI. Vom Text zum Manuskript: Layoutstandards

Das einwandfreie Druckbild eines wissenschaftlichen Textes wird der Verfasserin, dem Verfasser als gute Leistung in formaler Hinsicht angerechnet. Zwar kann die schönste Gestaltung die Substanz einer wissenschaftlichen Arbeit nicht ersetzen, aber ohne präsentable Form verlieren die Inhalte an Wirkung. Daher muss es bei der Gestaltung des Manuskripts das Ziel sein, der wissenschaftlichen Arbeit eine zweckmäßige, für die Lektüre angenehme äußere Form zu geben. In welche Form eine wissenschaftliche Arbeit gebracht wird, ist von Fach zu Fach unterschiedlich, kann aber auch vom untersuchten Gegenstand abhängig sein. Falls der bzw. die Prüfende besondere Vorlieben anmeldet, sind diese ausschlaggebend und müssen berücksichtigt werden.

Doch unabhängig vom Fach sind *Einheitlichkeit* und *Sorgfalt* grundlegend bei der formalen Gestaltung einer wissenschaftlichen Arbeit. Dies betrifft einzelne Bestandteile der Arbeit, wie zum Beispiel:

– Fußnoten,
– Literaturverzeichnis,
– Zeilenabstand,
– Schriftart und -größe,
– Absätze.

1. Seitenzählung und -nummerierung

Wie man die Seiten einer wissenschaftlichen Arbeit nummeriert, ist genau festgelegt. Die Seitenzählung beginnt mit dem Deckblatt, das zwar keine Seitenzahl hat, bei der Seitenzählung jedoch als Seite 1 gilt. Die Arbeit wird dann fortlaufend (einschließlich des Literaturverzeichnisses) durchgezählt.

Enthält die Arbeit einen Anhang, so müssen die Seiten des Anhangs fortlaufend römisch nummeriert werden.

2. Formatierung und Seitenlayout

Wissenschaftliche Arbeiten sehen von Fach zu Fach unterschiedlich aus. Das liegt an den unterschiedlichen Formatierungsvorgaben und den Vorlieben der einzelnen Fachvertreter. Fachübergreifend wird allerdings eine einheitliche, dem Fach und dem Thema entsprechende Aufmachung erwartet. Für die Formatierung gelten in der Regel folgende Layoutstandards.

Seitenformat:

Papierformat:	DIN A4 (nur einseitig beschreiben)
Ausrichtung:	Hochformat
Seitenrand links:	4–4,5 cm
Seitenrand rechts:	2 cm
Seitenrand oben:	2,5 cm
Seitenrand unten:	2,5 cm
Kopf- und Fußzeile:	Abstand vom Seitenrand 1,25 cm

Zeichenformat:

Schriftart:	Times New Roman (empfohlen)

Überschriften:
- Schriftgröße 1. Gliederungsebene: 14 pt, **Fettdruck**
- Schriftgröße 2. Gliederungsebene: 12 pt, **Fettdruck**
- Schriftgröße 3. Gliederungsebene 12 pt., *Kursivdruck*

Schriftgröße des Haupttexts: 12 pt

Absatzformat:

Format:	Blocksatz
Zeilenabstand:	1,5
Abstand zwischen den Absätzen:	6 pt

Diese Angaben sind in jedem Textverarbeitungsprogramm über die Menü-Leiste einstellbar. Sinnvoll ist die Arbeit mit Formatvorlagen, die eine einheitliche Gestaltung garantieren.

3. Überschriften

Die Überschriften müssen in derselben Schriftart wie der Fließtext verfasst werden. Sie sind jedoch durch die Schriftgröße (14 pt) und den Fett- bzw. Kursivdruck vom Normaltext abzuheben.

Für eine bessere Übersichtlichkeit empfiehlt sich eine Kopfzeile mit der jeweiligen Kapitelüberschrift.

4. Darstellungen: Tabellen – Diagramme – Grafiken

Darstellungen (Tabellen, Diagramme, Grafiken und Fotos) sind besonders in Naturwissenschaften und in technisch-künstlerischen Fächern unentbehrlich. Sie helfen, komplexe Sachverhalte zu veranschaulichen. Sie sollten allerdings nur dort eingesetzt werden, wo es unbedingt notwendig ist. Deshalb ist darauf zu achten, dass Tabellen, Diagramme, Grafiken usw., auf die im Text Bezug genommen werden muss, informative Abbildungen darstellen. Dazu ist es wichtig, dass ihr Einsatz bestimmten Prinzipien folgt:

- Darstellungen müssen dezent eingesetzt werden, sie dürfen den Fließtext nur kurz unterbrechen.
- Jede Darstellung muss eingeführt, erläutert und analysiert werden, so dass die Interpretation von Bedeutung und Funktion dem Leser nicht überlassen bleibt.
- Jede Darstellung muss einen zutreffenden Titel haben.
- Der Standort der Darstellung im Fließtext wird mit Hilfe eines Querverweises genannt.
- Darstellungen werden laufend durchnummeriert und im Darstellungsverzeichnis ausgewiesen.
- Darstellungen sollten möglichst einfach gestaltet werden.
- Farben außer Schwarz-Weiß-Schattierungen sollten nur eingesetzt werden, wenn sie eine Funktion haben.
- Darstellungen müssen ohne Weiteres verstanden werden. Wird eine Darstellung übernommen, so muss die Quelle genannt werden.[20]

20 Vgl. Bohl, Thorsten: Wissenschaftliches Arbeiten im Studium der Pädagogik. S. 87 f.

5. Fußnoten

Fußnoten – auch Anmerkungen genannt – sind integraler Bestandteil einer wissenschaftlichen Arbeit[21]; man sollte allerdings sparsam mit ihnen umgehen. Fußnoten sind Texte bzw. Ausführungen, die unter dem Fußnotenstrich stehen. Dieser wird z. B. in Word über die Menüleiste (*Referenzen ➤ Fußnote einfügen*) automatisch erzeugt.

Fußnoten haben zwei wichtige Funktionen:

– Sie enthalten Zitatnachweise, d. h. alle Quelleninformationen zu einer eindeutigen Überprüfbarkeit eines Zitats. Auf Exaktheit ist hier besonders zu achten.
– Sie dienen auch als Ort für Anmerkungen, die den inhaltlichen Fluss des normalen Haupttextes stören würden.

Für Fußnoten gelten folgende Layoutstandards:

Fußnotenposition:	Seitenende
Schriftgröße der Fußnotezeichen:	10 pt, hochgestellt
Fußnotentext:	11 pt
Fußnotennummerierung:	fortlaufend
Fußnotenformatierung:	Blocksatz
Zeilenabstand:	genau, 16 pt
Sondereinzug:	hängend, 0,5 cm
Abstand zwischen Fußnotezeichen und Fußnotentext:	
	Einstellung mit Tabulator

Fußnoten enden mit einem Punkt.

21 Das amerikanische Zitierschema kennt keine Fußnoten.

VII. Endfassung: Korrekturarbeiten und Checklisten

1. Schlusskorrektur des Manuskripts

Eine wissenschaftliche Arbeit darf auf keinen Fall unmittelbar nach ihrer Fertigstellung abgegeben werden. Der Schlusskorrektur kommt beim Verfassen einer wissenschaftlichen Arbeit eine wichtige Kontrollfunktion zu. Es gilt, die Endfassung der Arbeit umfassend und gründlich zu überprüfen, um mögliche Schwachstellen und Fehler vor der Abgabe zu beseitigen. Bei der Endkorrektur bietet sich die letzte Gelegenheit, die Arbeit inhaltlich zu verbessern und sowohl sprachlich als auch stilistisch zu verfeinern.

a) Prüfung äußerer und innerer Stimmigkeit

Während der redaktionellen Phase sollte man besonders darauf achten, dass Inhalt und Form in Einklang stehen. Dies entbindet den Verfasser jedoch nicht von der Aufgabe, nach dem letzten Ausdruck zu prüfen, ob die äußere Form mit der inhaltlichen Aufgabenstellung tatsächlich vollkommen übereinstimmt. Folgende Aspekte sind dabei besonders wichtig:

- gleiche Überschriften im Inhaltsverzeichnis und im Fließtext,
- Übereinstimmung zwischen Kapitelüberschrift und Ausführung,
- exakte und vollständige Quellenangaben,

- korrekte Reihenfolge der Kapitel,
- korrekte Durchnummerierung der Seiten, Bilder und Grafiken,
- einheitliche Schriftart,
- richtige Schriftgrößen für Überschriften und Fließtext,
- gleiche Abstände zwischen Überschriften und Abschnitten,
- korrekte Seitenangaben für Querverweise,
- Vollständigkeit der Quellen bzw. des Literaturverzeichnisses.

b) Inhaltlich-gedankliche Ebene

Bei der Korrektur und Überarbeitung des fertigen Manuskriptes auf der inhaltlich-gedanklichen Ebene geht es darum, die innere Konsistenz der Arbeit zu prüfen. Dabei sollten folgende Punkte besonders beachtet werden:

- inhaltliche Vollständigkeit des Textes,
- Verfolgbarkeit des roten Fadens im Inhaltsverzeichnis und in der Ausführung,
- Reflexionsfähigkeit (Kritik und Distanz),
- schlüssige Überleitungen zwischen Kapiteln und Texteinheiten,
- Entfernung überflüssiger Aspekte und Stellen,
- Verbindung zwischen Einleitung und Schlusskapitel,
- fachbezogenes Denken (Beherrschung der Fachsprache).

c) Beseitigung sprachlich-stilistischer Mängel

Unabhängig vom Fach ist eine sprachlich allzu fehlerhafte wissenschaftliche Arbeit nicht akzeptabel. Fehler erschweren nämlich das Textverständnis und schränken den Informationsgehalt erheblich ein. In jedem Fall haben sie einen negativen Einfluss auf die Beurteilung der Arbeit. Dagegen hilft nur, das fertige Manuskript nach einer kurzen Pause mehrmals genau unter die Lupe zu nehmen.

Beim ersten Korrekturdurchlauf kann Sprachsoftware, besonders ein Rechtschreibprogramm, aktiviert werden. Es eignet sich etwa die Rechtschreibprüfung des Dudens. Informationen dazu finden sich im Internet unter: www.mentor.duden.de. Sie ist allerdings in ihrer Vollversion nicht kostenlos.

Mit Korrekturprogrammen lässt sich das Manuskript nach den seit 1. August 2006 gültigen Rechtschreibregeln überprüfen. Allerdings erkennt das Rechtschreibprogramm nicht alle Fehler (falsche Wortendungen, falsche Zeichensetzung usw.). Deshalb muss das Manuskript unabhängig vom Rechtschreibprogramm weiter auf Fehler überprüft werden.

Beim zweiten Korrekturdurchlauf muss man den Text Zeile für Zeile lesen und folgende mögliche Mängel beseitigen:

- überflüssige Sätze,
- Wiederholungen/Redundanzen,
- komplizierte Satzbildungen,
- falsche Zeichensetzung,
- stilistische Unebenheiten und Ausdrucksfehler,
- unangemessene Fachsprache.

d) Externe Korrektur und Sprachberatung

Faustregel: Die Fach- oder Seminararbeit wird nicht abgegeben, bevor sie von unbefangenen Dritten auf Verständlichkeit und grammatische Fehler mehrmals überprüft worden ist. Die Inanspruchnahme externer Hilfe bei der Endkorrektur ist deshalb ausdrücklich zu empfehlen. Hier ist allerdings Vorsicht geboten: Hilfe darf die Grenzen einer zulässigen Unterstützung nicht überschreiten.[22] Die wissenschaftliche Arbeit muss auch nach den Korrekturdurchläufen eine eigenständige Leistung des Verfassers bleiben. Bei besonders kniffligen Fragen kann man sich an eine professionelle Sprachberatung wenden.[23]

Professionelle Sprachberatung ist jedoch teuer! Sie lohnt sich nur bei begrenzten Fragen, die man vorher schriftlich vorbereitet hat.

Wenn Ihre Muttersprache nicht Deutsch ist, ist das Gegenlesen der Arbeit durch einen sprachlich versierten Muttersprachler unerlässlich.

2. Herstellung der Abgabeexemplare

Die Arbeit ist in gebundener Form einzureichen. Die Abgabe auf einem elektronischen Datenträger oder als lose Blattsammlung ist nicht zulässig. Man informiert sich

---

22 Vgl. Theisen, Manuel René: Wissenschaftliches Arbeiten. S. 237 ff.
23 Beispielsweise die Duden-Sprachberatung, Telefon: 09001/870098. Schnelle Hilfe zu Rechtschreibung, Zeichensetzung, Grammatik und Textgestaltung. Kosten (für Deutschland): 1,86 Euro/min.

rechtzeitig bei dem oder der Betreuenden, wie viele Pflichtexemplare abzuliefern sind.

Zum Zweck einer guten äußeren Präsentation der
Pflichtexemplare empfehlen sich Copyshops. Einband: Das
Deckblatt sollte durch eine Klarsichtfolie sichtbar gemacht
werden, damit man den Titel auf Anhieb erkennen kann.
Leimbindung oder Spiralheftung sind Geschmacksache,
wobei eine Leimbindung sich für Fach- oder Seminararbeiten besonders gut eignet.

Dass auch die gebundenen Pflichtexemplare vor Abgabe
noch einmal auf ihre Vollständigkeit hin zu prüfen sind,
versteht sich von selbst.

Eine gründliche und wiederholte Korrektur des letzten
Manuskriptausdrucks ist vor der Abgabe unerlässlich.
Das Korrekturlesen, die Überarbeitung sowie die Bindung der Arbeit dürfen deshalb nicht in letzter Minute
vorgenommen werden. Dafür ist ausreichend Zeit ein-
zuplanen, um mögliche Mängel oder Fehler noch rechtzeitig zu berichtigen.

VIII. Abschlusspräsentation und Prüfungsgespräch

1. Präsentation

Die eingereichte Fach- oder Seminararbeit wird wie Abschlussarbeiten an der Universität (Bachelor-, Masterarbeiten usw.) oft vor einer Prüfungskommission vorgestellt und diskutiert. Diese mündliche Präsentation der Ergebnisse einer wissenschaftlichen Arbeit ist eine eigenständige Prüfungsform, mit der man sich im Vorfeld vertraut machen sollte. Auch hier ist eine rechtzeitige Prüfungsplanung und -vorbereitung entscheidend.

Vom Ablauf her dauert die mündliche Prüfung – auch Kolloquium genannt – in der Regel etwa 30 Minuten und ist in zwei Teile gegliedert, *Vortrag* (Präsentation) und anschließendes *Prüfungsgespräch* (Diskussion).

Eine Prüfungsvorbereitung geht leichter von der Hand, wenn man sich über die Prüfungskriterien im Klaren ist. Der Glaube, dass eine gute Prüfungsvorbereitung mit möglichst viel Auswendiglernen zu tun hat, ist ein weit verbreiteter Irrtum. Bei der Abschlusspräsentation geht es grundsätzlich darum, die Ideen, die man in seiner Arbeit entwickelt hat, vor einer Prüfungskommission kurz vorzustellen und diese nach wissenschaftlichen Regeln überzeugend zu verteidigen. Entscheidend dabei ist nicht die Stoffmenge, sondern die Art und Weise, wie die zentralen Inhalte präsentiert werden, und die Fähigkeit, mit Fragen umzugehen.

a) Handout

Ein Handout – auch Thesenpapier genannt – ist ein wichtiges Instrument bei der Vorbereitung auf einen Vortrag oder auf ein Referat. Darin wird das, was man vortragen möchte, nach folgenden Kriterien vorstrukturiert:

- thesenartige Auflistung wichtiger Ergebnisse,
- chronologischer Aufbau,
- eigene Positionen in kurzen Statements.

Idealerweise erhält jedes Mitglied der Prüfungskommission ein Exemplar des Handouts rechtzeitig, spätestens jedoch vor Prüfungsbeginn.

b) Vortrag

Zunächst ein ganz allgemeiner Tipp: Der Vortrag ist kein Vorlesen, sondern ein freies Sprechen auf der Basis des Handouts. Ziel ist es, das in der Fach- oder Seminararbeit gesammelte Wissen klar, einfach und verständlich zu kommunizieren. Der Vortrag sollte informativ sein und sich auf die Hauptlinien der Arbeit konzentrieren. Das gelingt wahrscheinlich am besten, wenn man die Ausführungen nach folgender Struktur aufbaut:

Einstieg ($^1/_5$ der Zeit)
Nach der obligatorischen Kurzbegrüßung der Prüfungskommission folgt der Einstieg nach folgendem Muster:

- Thema des Vortrags benennen (Worüber will ich reden?),
- Schwerpunkte setzen (Wo liegen die inhaltlichen Akzente?),
- Gliederung des Vortrags verdeutlichen (Wie habe ich den Vortrag aufgebaut?).

Hauptteil (³/₅ der Zeit)
Der Hauptteil des Vortrags zeichnet sich durch eine übersichtliche Darstellung aus. Dabei ist auf folgende Punkte zu achten:

- folgerichtiger Aufbau,
- Konzentration auf das Wesentliche,
- klare Darstellung der Ergebnisse,
- klare Ausdrucksweise,
- einfache Sätze,
- differenzierende und relativierende Formulierungen,
- Blickkontakt zu den Prüfern,
- Einhaltung der Redezeit.

Zieht man Geräte oder andere visuelle Hilfsmittel heran, so muss man im Vorfeld sicherstellen, dass sie einwandfrei funktionieren und dass man sie beherrscht.

Schluss (¹/₅ der Zeit)
Man sollte den Schluss nutzen, um das Wichtigste der Arbeit in einprägsamen Sätzen festzuhalten. Deshalb gilt es, bei der Gestaltung des Schlusses konkrete Antworten auf folgende Fragen zu formulieren:

- Was ist das Hauptergebnis meiner Arbeit?
- Wofür eröffnet meine Arbeit den Blick?
- Was ist mein persönlicher Standpunkt?
- Welche Aspekte verdienen eine weitere Vertiefung?
- Was habe ich bei der Beschäftigung mit dem Thema persönlich und wissenschaftlich dazugelernt?
- Womit habe ich gerechnet? Womit habe ich nicht gerechnet? Was hat mich besonders beeindruckt?
- Welche wissenschaftlichen/persönlichen Schlussfolgerungen ziehe ich?

2. Prüfungsgespräch

Im Anschluss an den Vortrag folgt ein Prüfungsgespräch. Es handelt sich um eine Diskussionsrunde, bei der die Kompetenz im Umgang mit Fragen getestet wird. Sowohl der Vortrag als auch die Diskussionsrunde sollen sicherstellen, dass der Prüfling die Arbeit selbst verfasst hat. Also muss man bei den Antworten auf Fragen deutlich machen, dass man seine Arbeit gut kennt: Die Verwendung von Fachtermini, Thesen und wichtigen (Teil-)Ergebnissen sowie das Zitieren von gelesenen Werken machen einen guten Eindruck.

Für eine sinnvolle Beantwortung der Fragen kann man sich an folgendem Modell orientieren:

- Die Antwort in einen größeren Zusammenhang stellen. *Beispiel:* »Zunächst würde ich gerne kurz ausholen, um ...«
- Die Frage einordnen.

Beispiel: »Ihre Frage zielt möglicherweise auf ...«
– Verbindungen herstellen.
Beispiel: »Diese Frage lässt sich sowohl mit ... als auch mit ... und ... verbinden. Ich beginne zunächst ...«[24]

Wie auch beim Vortrag sollte man mit diesen und ähnlichen Formulierungen versuchen, die Begeisterung zu vermitteln, die einen bewogen hat, sich mit dem Thema der Arbeit zu befassen.

Selbstverständlich sollte man jede Frage präzise beantworten, ohne jedoch auf die nächste Frage zu warten. Es ist ratsam, ein klein wenig mehr zu sagen, als für die Antwort verlangt wird. Auf diese Weise gelingt es oft, schnell in ein lockeres Gespräch zu kommen. Ziel sollte sein, das Prüfungsgespräch mitzugestalten.

Der Umgang mit Kritik gehört ebenfalls zur mündlichen Prüfung: Nicht nur mit Zustimmung oder mit einfachen Fragen, sondern auch mit kritischen, bisweilen verunsichernden Fragen und Bemerkungen muss man beim Prüfungsgespräch rechnen. Die Kritik bezieht sich in der Regel auf inhaltliche, sprachliche oder technische Schwächen der Arbeit. Hier kommt es vor allem darauf an, die Kritik konstruktiv ins Gespräch einzubeziehen.

Wo Kritik begründet ist, ist es die beste Strategie, Einsicht zu zeigen, die Kritik aufzugreifen und sie positiv als Bereicherung kurz zu kommentieren. Auf diese Weise kann auch eine harte Kritik höflich relativiert bzw. entschärft werden. Es versteht sich von selbst, dass ein starr-

---

24 Vgl. Bohl, Thorsten: Wissenschaftliches Arbeiten im Studium der Pädagogik. S. 105.

sinniges Festhalten an der eigenen Position zu vermeiden ist, wenn die Kritik begründet ist.

Die aktive Mitgestaltung eines Prüfungsgesprächs ist wichtig. Um das Kolloquium mitsteuern zu können, sollte man

- argumentativ antworten,
- auf den Punkt kommen,
- nur Dinge ansprechen, die man richtig verstanden hat,
- nur Begriffe verwenden, deren Bedeutung man auf Nachfrage angeben kann.

Tipp: Die Prüfungssituation vor Freunden oder Bekannten zu simulieren (Präsentation und Fragen), ist eine gute Methode, sich auf das Kolloquium vorzubereiten. Auch im Hinblick auf die Präsentation und Besprechung der Fach- oder Seminararbeit sollte die Maxime gelten: Nichts dem Zufall überlassen.

IX. Auf einen Blick

Die folgende Schnellübersicht fasst zentrale Anforderungen aus dem allgemeinen Erwartungshorizont[25] für die Bewertung wissenschaftlicher Arbeiten zusammen.

Form

Formales

- strukturierte Gliederung
- Formatierung (Seitenränder, Schriftbild, Layout)
- sinnvoller Einsatz von Darstellungen
- Sprachkompetenz in Fachtermini, Grammatik und Stil
- vorgeschriebener Umfang

Formale Wissenschaftlichkeit

- korrektes Zitieren
- fehlerfreies Literaturverzeichnis

Inhalt

Literatur

- Qualität und Relevanz der Quellen
- aktuelle Sekundärliteratur
- eigenständige Materialsammlung und Quellenerschließung

---

25 Vgl. Karmasin, Matthias / Ribing, Rainer (Hrsg.): Die Gestaltung wissenschaftlicher Arbeiten. S. 34 ff.

Einleitung

– Fragestellung und Eingrenzung
– Zielsetzung und Methodik der Arbeit
– Aufbau der Arbeit

Abhandlung

– logische Gliederung der Inhalte
– Bezugnahme auf einschlägige Literatur
– zweckmäßiger Gebrauch von Zitaten
– Einbringen eigener Ideen (stichhaltige Belege und Beispiele)
– kritischer Umgang mit Quellen
– Kohärenz in der Argumentationsstruktur (roter Faden)
– Überleitungen zwischen den Kapiteln
– angemessene Verteilung des Umfangs auf die einzelnen Kapitel

Schluss

– Hauptergebnisse der Arbeit
– Beantwortung der Fragestellung/Lösungsansatz
– Bezug zur Einleitung
– Bewertung und Einordnung der Ergebnisse
– Bewertung der angewandten Methode
– Konsequenzen und Ausblick

Abkürzungsverzeichnis

Abkürzungen nach der SMS- und Chatsprache sind in einer wissenschaftlichen Arbeit nicht erlaubt. Zulässig sind nur solche Abkürzungen, die in den standardisierten und allgemein anerkannten Werken (Duden, Wahrig) oder Anleitungen (MLA Style Sheet) aufgeführt sind.

Die Verwendung von Abkürzungen muss auf ein Minimum reduziert werden, da sonst der Eindruck der Bequemlichkeit entsteht.

Abb.	Abbildung
Anm.	Anmerkung
Aufl.	Auflage
Bd., Bde.	Band, Bände
bearb. (von)	bearbeitet (von)
Bsp.	Beispiel
bzw.	beziehungsweise
ca.	circa
d. h.	das heißt
d. i.	das ist
Diss.	Dissertation
erw.	erweitert
et al.	et alii (lat.): und andere
f.	und folgende Seite
ff.	und folgende Seiten
Fig.	Figur
Hrsg. / Hg.	Herausgeber
hrsg. / hg. (von)	herausgegeben (von)
Jg.	Jahrgang
Jh.	Jahrhundert

Kap.	Kapitel
Neubearb.	Neubearbeitung
o. J.	ohne Jahresangabe
o. O.	ohne Ortsangabe
s.	siehe
S.	Seite
Tab.	Tabelle
u. a.	unter anderem / und andere
u. Ä.	und Ähnliche(s)
überarb. (von)	überarbeitet (von)
übers. (von)	übersetzt (von)
usw.	und so weiter
veränd.	verändert
vgl.	vergleiche
z. B.	zum Beispiel
zit. (nach)	zitiert (nach)

Literaturverzeichnis

Beinke, Christiane [u. a.]: Die Seminararbeit. Schreiben für den Leser. Konstanz: UKV, 2008

Berliner Erklärung über den offenen Zugang zu wissenschaftlichem Wissen [Open Access]: https://openaccess.mpg.de/68053/Berliner_Erklaerung_dt_Version_07–2006.pdf (Abrufdatum: 23.8.2022)

Bödeker, Birgit: »Der Deutsche Burns. Zur Kanonisierung von Robert Burns in Deutschland im 18. und 19. Jahrhundert.« In: Literaturkanon – Medienereignis – kultureller Text. Formen interkultureller Kommunikation und Übersetzung. Poltermann, Andreas (Hrsg.). Berlin: Erich Schmidt, 1995. S. 79–91

Bohl, Thorsten: Wissenschaftliches Arbeiten im Studium der Pädagogik. Arbeitsprozess, Referate, Hausarbeiten, mündliche Prüfungen und mehr ... Weinheim/Basel: Beltz 2005 (= Studientexte für das Lehramt, 17)

Eco, Umberto: Wie man eine wissenschaftliche Abschlußarbeit schreibt. Doktor-, Diplom- und Magisterarbeiten in den Geistes- und Sozialwissenschaften. 6., durchges. Aufl. Heidelberg: Müller, 1993

DIN Deutsches Institut für Normung e. V. (Hrsg.): Präsentationstechnik für Dissertationen und wissenschaftliche Arbeiten. DIN-Normen. 2., veränd. Aufl. Berlin: Beuth Verlag, 2000

Franck, Norbert: Lust statt Last. Wissenschaftliche Texte schreiben. In: Die Technik wissenschaftlichen Arbeitens. Franck, Norbert / Stary, Joachim (Hrsg.). Paderborn: Schöningh, [14]2008 (= UTB, 2818)

Gibaldi, Joseph: MLA Handbook for Writers of Research Papers. New York: MLA, [6]2003

Gudjons, Herbert: »Leitfaden zur Erstellung von Referaten, Klausuren, Examens- und Diplomarbeiten.« In: Pädagogik 9 (1990). S. 30–34

Hussy, W. / Schreier, M. / Echterhoff, G.: Forschungsmethoden in Psychologie und Sozialwissenschaften. Berlin, Heidelberg: Springer, [2]2013

Karmasin, Matthias / Ribing, Rainer (Hrsg.): Die Gestaltung wissenschaftlicher Arbeiten. Ein Leitfaden für Seminararbeiten, Bachelor-, Master- und Magisterarbeiten, Diplomarbeiten und Dissertationen. Wien: facultas. wuv, ³2008

Kruse, Otto: Keine Angst vor dem leeren Blatt. Frankfurt a. M.: Campus, ¹²2007

– Lesen und Schreiben. Konstanz.: UKV, ³2018

Langer, Inghard / Schulz von Thun, Friedemann / Tausch, Reinhard: Sich verständlich ausdrücken. 2., völlig neubearb. Aufl. München/Basel: Reinhardt, 1981.

Lieberknecht, Agnes / May, Yomb: Wissenschaftliche formulieren: Ein Arbeitsbuch: Narr, 2019

Theisen, Manuel René: Wissenschaftliches Arbeiten. München: Vahlen, ¹³2006